不要放棄今天，就能擁有明天。
能堅持到底的人，就能反敗為勝！

不要太早亮底牌
不然你就輸了

林郁　著

前言

古羅馬著名的哲學家塞內卡曾說：「好的運氣令人羨慕，而戰勝厄運則是更令人驚嘆！」但只要是人，誰都想碰上好事，見了壞事，必定唯恐避之不及。然而，一個人無論多麼聰明，上帝多麼青睞，都難免會與失敗握手。任何人都不可能永遠一帆風順，而不遭遇失敗。其實「勝敗乃兵家之常事。」失敗是每個人步入成功的殿堂之前，必須經歷的階段。因此，如何走出困境，反敗為勝，便成了每一個人都必須慎重面對的人生大課題。

大發明家愛迪生說過：「失敗也是我所需要的，因為它和成功一樣有價值！」所以，我們大可不必對失敗懷有病態的畏懼。因為：誰不經過失敗挫折，誰就找不到成功的真理！

美國商界有句名言：「倒了牌子的名牌產品想東山再起，就像下臺的總統希望重入白宮一樣，絕無可能。」意思是說：一個人失敗了，就很難反敗為勝，重新站立起來。果真如此嗎？非也！西方還有句有力的諺語說：「上帝把門關上之時，必會打開另一扇窗。」這就是說，一個人失敗了，也必然會有一個能夠反敗為勝的窗子為他打開來，只是他一時沒有發現罷了。

失敗對弱者是一次打擊，對強者反而是一次鼓勵！

因此，能從容面對失敗的人，絕對有能力去尋找成功的階梯！

《厚黑學》成書之時，正值連年內亂不止、外強入侵，亡國迫於眉睫之際，所以作者李宗吾以為研究反敗為勝的結構心得，也是救國之道。

按照李宗吾的說法，在反敗為勝方面，古人中做得最好的莫過於越王勾踐：「古有行之者，越王勾踐是也。會稽之敗，勾踐自請身為吳王之臣，妻入吳宮為妾，這是厚字訣。後來舉兵破吳，夫差遣人痛哭乞情，甘願身為臣，妻為妾，勾踐毫不鬆手，非把夫差置之死地不可，這是黑字訣。」

依此觀點，厚黑之用，可大可小。它既然可以救國、救民，當然也可以解個人挫敗、企業之圍。也就是說，厚黑之道都是一以貫之，普遍適用的。它變化多端，妙用無窮，如何活用，端看使用者的本事了。

「從古至今，上至王公貴人，下至草莽凡夫，不厚不黑而能反敗為勝的，絕無僅有。不管是二十四史也好，稗官野史也罷，即使是在生活瑣事之中，你都必然發現：欲要反敗為勝，無非厚黑而已。」凡是真正的厚黑高手，必能找到那扇窗；即使沒有窗，他也會自己造一個，甚至破門而出。

李宗吾認為，敗勢中，首先要保全性命。因為只有保存了實力，才有日後反敗為勝的資本。在厚黑大家看來，一個人什麼都可以失去，惟不能失去機遇。其它東西失去了可以再來，但機不可失，失不再來。機遇對於處於困境中的人來說，更是如同生命一樣珍貴。看到機遇，就應該像守門員看到射來的足球一樣，馬上撲將過去，將它死死壓在身下。在雙方的對抗和競爭中，誰能搶先把機遇壓在自己身下，誰就能得到翻牌的可能。

「勝者王侯敗者寇。」自古以來，歷史都是由勝利者所寫出的。成為英雄豪傑的祕訣，不過面厚心黑而已。然而，這「厚黑」二字應用起來，卻需日思夜想，機關算盡。不知厚黑，固然無以成為英雄豪傑：徒知「厚黑」二字而不知變用，也無以成為英雄豪傑。在厚黑大師眼裡，只有做那個笑到最後的人，才是真正看懂『李宗吾厚黑祕訣』之真諦的人。

真正的厚黑者都是實用主義者，有奶便是娘。這一點與西方一度盛行的「沒有永久的朋友，只有永久的利益」頗有異曲同工之處。在李宗吾看來，朋友價值的大小取決於能自己帶來利益的多少。對我眼下有用，三教九流、雞鳴狗盜兼收並蓄；妨礙現實利益，天王老子、聖賢才子棄之不顧，甚至置之死地而後快。惟有如此，方稱得上善於敗中求勝的厚黑高手。

《厚黑學》和《塔木德》的智慧十分相像，強調的是對事情如何變通以及靈活運用的思維模式。本書不僅於「曲徑」之處為世人指明了那扇反敗為勝之窗的準確方位，而且為世人無價提供了進入成功之殿堂的「通幽」密鑰。書中的案例，提供給你作為人生的借鏡，雖是歷史上的典故，但時化在變，人性並沒有變！因此，厚黑學仍然屹立不搖，仍然站在21世紀的轉折點！

第一章　以退為進，站在成功的轉折點／013

第二章　不要放棄今天，就能擁有明天／055

第三章　沒有機會，就要自己去創造機會／113

第四篇　成大事者，往往不拘小節／165

第五章　知人識人，制人攻心術／211

第六章　能堅持的人，就能反敗為勝／259

第一章

以退為進，
站在成功的轉折點

I・費邊戰術拖垮漢尼拔大將

公元前二一八年，正當羅馬人躊躇滿志，準備對迦太基進行第二次戰爭時，一支神兵從天而降，出現在義大利北部。他們由阿爾卑斯山橫掃過來，勢不可擋地向著波河挺進。這支隊伍就是漢尼拔統率下的迦太基軍。

羅馬人做夢也沒想到，遠在地中海南面的迦太基軍會突然從義大利北面出現。這個事實比神話故事還令人難以置信。而且，那支軍隊正在殲滅羅馬的守軍，攻掠他們的村寨。羅馬人大驚失色，改變了一切計畫，匆忙調集本土和海外軍隊北上抗敵。同年底，羅馬軍在提契諾河和特利比亞河附近兩次被漢尼拔打敗。整個阿爾卑斯山南部的高盧都落到漢尼拔手裡。

公元前二一七年，新當選的羅馬執政官弗拉米尼率領大軍，在預設的陣地上準備痛殲迦太基軍，以阻止其繼續向義大利中部挺進。但是，軍事天才漢尼拔沒有在這裡浪費力量和時間，他根本沒在這裡枕戈待旦，而是率軍沿著大家認為在這一季

節由於河水泛濫，無法通過的沼澤地，經過4天3夜的行軍，繞過羅馬軍的防線，踏上了通往羅馬的大道。由於沼澤的毒氣熏染，漢尼拔的一隻眼睛瞎掉了。但他又一次實現了天方夜譚式的奇蹟。

漢尼拔沒有和羅馬軍作戰，但他勝利了，他的行軍比用武力突破弗拉米尼的防線還要令羅馬人震驚。

弗拉米尼見漢尼拔繞過自己，立即率軍尾隨追擊。不想，在特拉西梅諾湖谷地反遭伏擊。迦太基軍從幾座山上衝下來，打得毫無戒備的羅馬行軍縱隊亂作一團。三個小時後，戰鬥結束，弗拉米尼戰死，羅馬軍陣亡一萬五千人，數千人被俘。

羅馬軍的這次慘敗，使羅馬州內的貴族和居民恐慌不已。他們擔心漢尼拔很快就會兵臨城下。元老院宣布緊急狀態，動員力量，準備抵抗，任命費邊為獨裁官，擔任最高統帥，同時任命米紐喜斯為副帥。

漢尼拔再次讓羅馬人大出意料。他沒有進攻羅馬城，而是揮師向東，越過亞平寧山進軍義大利南部。他不願兵攻堅城而想首先孤立和削弱羅馬，然後伺機一擊。

羅馬新上任的統帥費邊可說是漢尼拔遠征義大利以來所遇到的一個最強的對手，他在研究了羅馬軍多次失敗的教訓之後，領悟到迦太基軍的優劣短長，找到了對付的辦法。

費邊認為，迦太基軍長於野戰，勇猛頑強，士氣十分旺盛，而其統帥漢尼拔又善於用計，指揮有方，這是它的長處。而其短處也相當明顯：迦太基政府對漢尼拔的冒險遠征持懷疑態度，不願予以支援，致使漢尼拔兵源不足，補給困難，因此難以持久。針對這些情況，費邊採取了消耗敵人的戰術。他命令羅馬軍避免和漢尼拔的主力決戰，只以眾多兵力尾隨追擊，襲擊零散的敵軍，破壞其糧食儲備，廣泛襲擾，阻止漢尼拔軍建立永久性的供應基地。這一正確方針收到了明顯的成效，致使漢尼拔難以取得決定性的勝利，處處窮於應付。

但是，費邊受到來自內部的強烈攻擊。由於他長時間不與迦太基軍決戰，只是小打小鬧地跟在敵軍後面，使得農民遭受的損失越來越大，因而許多羅馬人對他的戰法大加譴責。在農民強大呼聲的壓力下，沒有主見的元老院再三催令費邊採取決定性的軍事行動。他的部下也紛紛表達了自己的不滿，有些人甚至為主帥的「畏敵如虎」深感羞愧，不願再跟他幹下去。連副帥米紐喜斯也站到費邊的對立面，要求他盡快採取積極行動。

面對這些壓力，費邊沒有動搖，仍然堅持自己的主張。為此，羅馬人送給他一

個侮辱性的綽號——「拖延者」。

六個月後，費邊遭到解職，主張速戰速決的瓦羅和帕盧斯出任軍隊指揮官。公元前二一六年6月，羅馬軍在坎尼一役中，與漢尼拔對陣幾乎全軍覆沒。

血的教訓，使羅馬人理解了費邊的戰略，繼續採用了他曾經堅持的戰法。羅馬軍竭力避免跟漢尼拔的主力決戰，只是依托殘留的據點消耗敵人，而把主要力量集中於對付投向漢尼拔的叛軍上。他們四面襲擾，今天攻這裡，明天攻那裡，等漢尼拔軍趕到，他們又迅速撤離。

漢尼拔軍人數少，難以處處設防，因而往往顧此失彼，不得不東奔西突，疲於奔命。時期不長，羅馬人就穩住了陣腳，奪回一些失陷的地區，並且擴充了軍隊。

漢尼拔最後被西皮阿打敗了。第二次布匿戰爭以羅馬人的最終勝利而結束。年輕的西皮阿因此贏得了赫赫威名和不朽的聲譽，早先的統帥費邊卻什麼也沒得到。但可以肯定地說，如果費邊是個貪功求名之徒，羅馬的反敗為勝必然是難以想像的。甚至都有可能改寫羅馬的歷史！

2．放下身段，才能顧全大局

提起清軍剿滅曾經一度佔領大半個中國的太平天國，人們馬上會想到由曾國藩這個「文弱」書生創建的湘軍。據熟悉湘軍內幕的薛福成說：湘軍的主心骨是曾國藩，但功勞最大、犧牲最多的是胡林翼。在與太平軍的較量中，湘軍的發展壯大雖離不開曾國藩，湘軍的勝利靠的卻是胡林翼。

胡林翼為了大局，沒有爭權奪利，沒有搶著到前線去，而是心甘情願地做好後勤工作，保證了老巢的安全。為了全局，他甚至低頭做人，硬生生把朝廷派來監視自己的人發展成湘軍的盟友，為湘軍贏得了廣闊的空間。曾國藩稱其「赤心以憂國家，小心以事友生，苦心以獲諸將，天下寧復有似斯人者哉！」

咸豐六年（一八五六）是湘軍最艱難的一年。

胡林翼苦攻武昌。如果此城不下，湘軍就失去了根據地。而曾國藩坐困江西，朝不保夕。年初，石達開攻下江西五十多座城池，南昌形勢孤危，曾國藩亟欲胡林

翼回師相救，而武昌攻克在即，不能捨之而去。於是羅澤南不避艱危，不顧傷亡慘重，竭力向武昌進攻，致死傷枕藉。不久，九江太平軍大舉來援，武昌城中亦出兵夾擊。羅澤南身受重傷，數日後創重而亡。胡林翼命令李續賓代領其軍。

4月，楊載福所統水師大破太平軍水師於漢陽，太平軍戰船二百餘艘盡被燒毀，長江江面肅清，太平軍援軍路斷，漢陽、武昌二城坐困。7月，石達開由江西回師金陵（今南京），踏破向榮的江南大營，然後擁眾上援武昌，號稱十萬。不久在青山被胡林翼、李續賓打敗，武昌援絕。

10月，胡林翼增加陸師五千，水師十營，對武昌採取長圍久困之計。城中太平軍糧盡，於11月間開門突走，被湘軍分途追殲。武昌終於被攻下。12月，湖北全省俱被湘軍佔領。

咸豐皇帝非常振奮。為獎賞有功人員，將胡林翼補授為湖北巡撫，加賞頭品頂戴。胡林翼一下子就成了實缺的巡撫大吏，實權在握。巡撫雖為一省的最高行政長官，但按照清朝制度，地方上的最高行政長官，巡撫之外，尚有總督。

在十分關鍵的情況下，曾國藩致信胡林翼，讓他屈身求全，與湖廣總督滿人官文搞好關係，如不是事關緊要，務必順從，以借其威重之名，行己之志。

胡林翼也明白正白旗出身的官文的地位不能動搖，惟一的辦法是與官文搞好關係，於是針對官文的特點大施權術，力求既尊重其欽差大臣和總督的雙重權勢，又不致束縛自己的手腳。

攻人先攻心。首先，竭力與官文建立個人之間的親密關係。

官文有個寵妾過生日，卻以正房夫人的名義散帖，準備等來賀的人聚齊後才坦白。這本是官文想給寵妾邀體面的小伎倆。不料一個藩司得知內情，怒不可遏，說：「夫人壽辰，吾儕慶祝，禮也。今乃若此，我朝廷大僚豈能屈膝於賤妾？」當時的封建名分很重，夫人可以夫貴妻榮，獲得朝廷誥命，有品位。妾的地位卻不登大雅之堂。

胡林翼在旁聽了，大力稱讚這藩司做得對。可扭過頭，他自己卻若無其事地以「晚生胡林翼頓首拜」的帖子祝賀。這時，本來隨同那藩司要回拜帖的人又隨胡林翼拜覲。一場尷尬的局面化解了，官文的寵妾自然對胡林翼感恩戴德。

等官文的寵妾拜望胡林翼的母親時，胡林翼又吩咐以夫人的規格接待。此後，胡母認其為乾女。兩家內眷親密往來，胡林翼也不時拜謁官母；與官文平時私函，略去官場禮義，直呼官文為「老兄」、「中堂老兄」。有的記載還說他與官文結拜為兄弟。

在公事上，則「專從裡子切實講求，而不占人面子。」即抓實權，堅持按己意埋頭處理軍政事務，而每遇可得美名、邀封賞，如「收城克敵」等事，則推首功於官文，一切報功奏疏亦推官文列名出奏，官文因此累得晉升，官至大學士。

在奏摺、信札中，他極力稱譽官文「寬仁博大」，「仁厚公忠」，「能開誠心，布公道者，惟中堂一人。」

為了安撫官文，他對官文的貪污不僅視而不問，還每月以鹽釐三千兩，劃作督署公費，實際就是交到官文的私囊裡了。

胡林翼曲意交結官文，就在「忍」字，以忍而得情。官文受枕邊風吹拂，對他自是格外青眼相待。官、胡二人的契和為整個湘軍集團的成功鋪平了後路。這是胡林翼「忍」的妙處所在。

從一八五七年春至一八六一年胡林翼病死，其間兩人雖有矛盾，但胡林翼始終堅持對官文使用外圓內方的方針。官文對此自然也心中有數，但仍然做了積極的回應。據說胡母來武昌時，官文還親自帶領文武官員去河岸迎接。

官文也不傻，他知道自己的功勞全都是湘軍爭來的，如果胡林翼的地位動搖，就無人指揮湘軍克敵制勝，他的種種地位和榮譽也就會落空，甚至身家性命也成問題。因此，他對胡林翼也聽之任之。他對幕僚說：「我輩之才皆不及彼。」、「確無彼不能禦敵。」他有功可居，有譽可邀，有銀子可使，就一心依靠胡林翼。正如薛福成所記：官文樂得「仰成而已，未嘗有異議。」

這樣，胡林翼就大體上能如曾國藩所說：「乃獨得少行其志」，「事無大小，推賢讓能，多由撫署主政。」胡林翼借金錢與名位滿足總督官文的願望，使得官文感激而事事信從。於是，他變成了以一人而兼總督、巡撫二職，集軍政大權於一身，事事都可按照自己的計畫與想法推行，而不虞他人之掣肘。

督撫同心，胡林翼又實操其柄，自然事事皆易於推行。最顯著的成效，一、是用人行政方面，皆能依照他的主張，用賢黜邪，使湖北吏治日有起色；二、是在軍事作戰方面，也能依照他守在境外的辦法，分遣湖北之軍出援湖南、安徽等省。

胡林翼放下臉面做人，得到的是湘軍勝利的大全局。

3・意氣用事，只會招來人生的悲劇

即使是十分優秀的將帥，也難免存在一些性格上的弱點。平時，這種弱點被天才所掩蓋，顯不出什麼危害；可一旦它被失敗所「啟動」時，就會帶來不堪設想的災難與後果。

瑞典國王查理十二可以說是世界上的少數名將之一，但他的性情暴躁，遇到挫折時難以使自己冷靜下來。這個弱點終於為他帶來一次決定性的失敗。

一七〇九年，查理十二率軍遠征俄羅斯。由於那年冬天非常寒冷，致瑞典遠征軍處境十分困難。但是，查理鬥志高昂，身先士卒，與士兵同甘共苦，仍然奪取了多次戰術性的勝利。十一月中旬，瑞軍擊敗俄軍，奪取了蘇拉河邊一個叫作隆尼的地方，並在這裡得到豐富的補給和抵禦嚴寒的房屋。此時，瑞軍的一些將領勸說查理就在隆尼駐紮下來，待嚴冬之後再圖征戰。但查理是個急性子，虛榮心又強。在俄軍再三挑弄下，他輕率地領兵前去解救它處受威脅的瑞軍。誰知，俄軍只不過是要了個調虎離山之計，主要目的則是為了奪回隆尼。

隆尼的得而復失，使查理十二大發脾氣。為報一箭之仇，他率軍狂戰。第二年元月，瑞軍攻克了一座小城。2月，查理又以四百名士兵擊潰了俄軍七千餘人。但是，這些小的勝利終究未能改變瑞軍的困難處境，而嚴寒、饑餓和連續作戰又使瑞軍由原來四萬人銳減到二萬餘人，火炮只剩下34門。

瑞軍如能在此時知難而退，或可在來年重整旗鼓。但查理十二已經打紅了眼，不能對眼前的情勢進行冷靜的分析和判斷。他不但沒有下令撤軍，反而驅使瑞軍官兵去圍攻一座堅城。

一日，查理十二親往前線觀察敵情。由於離敵人太近，遭到俄軍火槍手的密集射擊，他腳部中了一槍。俄軍統帥聽說查理受了傷，感到天賜良機，一改過去那種避免與瑞軍會戰的想法，決心與之展開一場決鬥。

查理腳部的傷勢嚴重，不得不用擔架抬著。當時，瑞軍處於劣勢，而且是深入敵國腹地作戰，想奪取勝利，就必須創造奇蹟，而要創造奇蹟，又必須依靠查理那像鷹一樣的戰術慧眼和他那馳騁馬上，勇往直前的感召力。他這一受傷，這些前提條件也都隨之喪失。瑞軍已經到了重大失敗的邊緣，而查理仍然對以前那些小的失敗耿耿於懷，不願無功而返。

決戰開始，一萬多瑞軍和十萬多俄軍進行了一場寡眾懸殊的拼殺。查理的軍隊的確是一支能征善戰的精銳之師，儘管處於絕對劣勢，仍然創造了奇蹟，打得俄軍統帥差點棄軍而逃。但是，俄軍猛烈的炮火起了決定性的作用，最終阻止了瑞軍士兵的拼命衝鋒，就連查理的24名隨員和抬擔架兵也死傷了21人。

於是，瑞軍遭到了大慘敗的下場。此役之後，瑞典元氣大傷，日趨衰落，逐漸從歐洲強國的行列中消失了。

查理十二是一代名將，但由於他面對困境和失敗，不能冷靜思考，不甘於屈身求全，聽憑情緒擺布理智，終於釀成悲劇。他個人的悲劇最後又變成國家的悲劇。這個教訓很值得玩味。

遇到一時的失敗就不能泰然處之的人，有些是「面子」作怪。越是怕丟面子，越是不能冷靜，也就越容易犯更大的錯誤，越丟面子。許多人都因為死要面子而吃大虧。

4・撤退與不撤退，都會成為轉折點

「三十六計走為上。」在山窮水盡時，厚臉皮的「走」與匹夫之勇的「不走」所帶來的結局迥然不同。走了，就有可能「柳暗花明」；不走，只能坐以待斃。

退卻分為兩種：一種是主動退卻，一種是被動退卻。在敵強己弱，形勢不利的情況下，採取「誘敵深入」的方針，這是主動退卻。當遇到挫折，打了敗仗，不得已放棄原先的企圖而轉移或撤退，則是屬於被動退卻。

俗話說：好漢不吃眼前虧。這是前人生活經驗的結晶。「不拿雞蛋碰石頭」，「君子報仇，十年不晚」，講的都是身處險境時應相機行事，不可魯莽造次。

敦克爾克的大撤退是同盟軍一次奇蹟般的所謂「勝利大逃亡」。在整個「發動機」計畫中，有三十三萬五千人同盟軍官兵從滅亡的邊緣得到拯救，反法西斯的骨幹被保存了下來。

這次大撤退，雖然是敗軍之後的被迫所為，但這個「退」中包涵著反敗為勝的主動因素。倘若沒有這種「退」，那麼等待盟軍的將必然是屈膝投降或全軍覆沒，除此之外，別無它路。

英國著名的歷史學家亨利．莫爾這樣評價：「德國的失敗和歐洲的光復都始於敦克爾克！」這句話頗耐人尋味。

戰爭史上，有許多不知何時應該退卻而徹底失敗的例子。

一九四三年1月，墨索里尼下令，要軸心國軍隊在布埃拉特陣地「抵抗到底」。隆美爾沒有理睬他的遙控指揮，果斷地組織了撤退，致使蒙哥馬利以占絕對優勢之兵力發動的進攻撲了個空。幾天後，隆美爾又率軍撤出了的黎波里，退到突尼斯境內的馬雷特防線。這一決定，同樣違背了高傲的墨索里尼所下的旨意。

隆美爾對墨索里尼說：「要嘛多守的黎波里幾天而失去部隊，要嘛早幾天失去的黎波里而為突尼斯保住部隊。」

墨索里尼大為惱火。1月26日，這位獨裁者給隆美爾發來一份電報，通知他，鑑於他的健康狀況不佳，等他在馬雷特防線鞏固了新陣地以後，就解除他的司令官職務。不過，離職的日期可由隆美爾自行選擇。這算是給了隆美爾一點面子。

當時，英國第八集團軍緊緊追擊，而美國的第一集團軍又在突尼斯方向擋住了退路，德、義軍隊的處境異常危險。但隆美爾沒有驚慌失措。他通過及時撤退，收縮了戰線，從而使補給狀況有所改觀。

為了充分利用在任的時機，隆美爾大膽籌劃：集中兵力，在二股敵軍還沒來得及會合之前，打擊其中一股——美軍第一集團軍，然後再騰出手來，收拾那個緊追不捨的老對手——蒙哥馬利的第8集團軍。

應該說，這是一個天才的計畫。但由於突尼斯的德、義軍隊不歸隆美爾指揮，義大利統帥部又不適當地干預了突擊方向，致使付諸實施時只取得一些戰術性的小勝利。

令人啼笑皆非的是，統帥部卻對這一勝利感到非常滿意。2月23日，羅馬發出一道命令，莫名其妙地把軸心國在突尼斯的所有部隊都交給隆美爾指揮。而此時，英、美兩支大軍很快就能互相支援，聯合作戰，德、義軍則被壓向背靠大海的突尼斯境內，再也沒有伸拳蹬腳的機會了。

隆美爾又重新審視了眼下的形勢，認為對德國和義大利部隊來說，繼續留在非洲和英、美作戰，只能是自尋死路，必須及早撤離。因此，3月9日，他請了病假，將指揮權交給部將，然後飛往歐洲，企圖說服主子們採納自己的主張。

他在羅馬著陸後，會見了墨索里尼。墨索里尼只知道找藉口為自己的觀點辯護，認識不到德、義軍隊留在突尼斯的巨大危險。無可奈何，隆美爾只好於第二天飛往希特勒總司令部，再三向元首闡明利害。但希特勒對於撤退的論點絲毫聽不進去，反而責怪隆美爾是一個悲觀主義者，不許他重返非洲。

傷心的隆美爾在日記中寫道：「我儘量強調『非洲』部隊必須撤回義大利重整裝備，使他們擔負我們歐洲南部側翼的防務。我甚至向他提出了一項保證——這種事，我通常是不願做的——用這些部隊，我可以打退同盟軍對南歐的任何侵犯。但一切都無濟於事。」

希特勒和墨索里尼不允許撤退的結果，導致了德義聯軍八個師全部被俘——其中包括隆美爾那些久經沙場的老戰士和義軍的精銳部隊。這些力量如果得以保存，就可大大增加同盟軍重返歐洲的阻力。

5・善於退卻，也能名留青史

退卻不是潰退，更不是逃竄，它必須有組織、有計畫、有目的地進行。誰要是認為退卻與逃跑沒什麼兩樣，那他就大錯特錯了。按照一般原則，打了敗仗的軍隊，想要走得脫，必須邊戰邊退，有時甚至還得回過頭，與追擊的敵人進行血戰。人生遇到挫折時的「走」、生意場上的「走」與此同理，只要達到自保的目的，便是極大的成功。

諸葛亮六出祁山，雖然都沒有達到原定的目標，可魏軍也沒有從中得到任何便宜。從當時總的形勢看，魏強蜀弱，弱小的蜀軍能頻頻東進，強大的魏軍卻從不敢西圖，這不能不說是諸葛亮智慧的成功。諸葛亮有一句名言，叫「善敗者不亡」。古漢語中，「亡」有逃跑的意思，所以這句話既可以理解為「善於失敗的軍隊不會在失敗中逃跑」，也可以理解為「善於失敗的軍隊不會徹底覆亡」。不管是哪種意思，諸葛亮都在其軍事實踐中做到了。六出祁山，都以失敗告終。但每次失敗之後，他都組織了出色的撤退。蜀軍不僅沒有在退卻中遭到損失，還能每次都對追擊之敵施以不同程度的打擊，這是前無古人、後無來者的的奇蹟，不僅在中國軍事史上，而且在世界軍事史上都別無它例。

諸葛亮最精彩、最引人入勝的撤退是在他死後進行。蜀軍六出祁山，與魏軍相持百餘日。諸葛亮事必躬親，積勞成疾，終致病死軍中。臨終之前，為了保證蜀軍能在自己死後安然撤退，他做了一番周密的安排。

司馬懿聽說諸葛亮已死，心中大喜，但又深恐這是蜀國的詭計，仍然躲在堅營之中不敢出戰。後來，又聽說蜀軍在一營一營地緩緩而退，這才斷定諸葛亮真的死了，領兵迅速追擊。

司馬懿令司馬師、司馬昭在後催軍，自己領先鋒部隊追到山腳之下，遠遠已能望見蜀軍後衛的蹤影，便督促部下加快追擊。忽然，隨著山後一聲炮響，四面殺聲大作。只見蜀兵一個個肩旗擊鼓，樹影婆娑中飄出一面中軍大旗，上面寫著一行大字：「漢丞相武鄉侯諸葛亮」。司馬懿大驚失色。再定睛細看，只見中軍數十員大將擁出一輛四輪車來，諸葛亮端坐車上，頭戴綸巾，腰束皂色縧帶，手中輕搖鵝毛扇，一副勝券在握的悠閒姿態。司馬懿失聲驚呼：「諸葛亮還活著！我中了他的計了！」於是，掉轉馬頭，向後飛奔。背後蜀將姜維大聲喝道：「賊將逃不了啦！你中了我丞相的圈套了！」魏軍官兵魂飛天外，一個個丟盔棄甲，拋下刀戈，爭相逃命，自相踐踏致死者難以計數。

就這樣，諸葛亮死後，不僅用計保證了蜀軍能夠順利地撤離戰場，還使追擊的魏軍損兵折將，把個司馬懿嚇得半死。如此成功的退卻，真是令人拍案叫絕。

撤退並不像某些人想像的那麼簡單，它也需要高深的計謀。

勢處不利，打了敗仗，「當急退以避之」。這叫「惹不起，躲得起」。不過，認識了「走」的價值，懂得了「善戰者不羞走」的道理，還只是有了一個大前提。戰爭中，敵對雙方針鋒相對，兵來將擋，水來土掩，魔高一尺，道高一丈。你想退卻，敵方必然不讓你順利退卻。所以，「走」，還有一個善走不善走、走得掉走不掉的問題。瑞裔法國將領約米尼說：「向敵人進攻，只要血氣之勇就夠了。而在一個強大的敵人面前實行困難的退卻，那卻是真正的英雄才能做到。所以，一次良好的撤退，也應當和偉大的勝利一樣，受到獎賞。」由此可見，退卻實在不易。

6・機言善辯者，罪不加身

「狗掀門簾——全憑一張嘴。」大厚黑也一樣，靠一張嘴吃遍四方。最高明的說話技巧就是能夠見人說人話，見鬼說鬼話。只有這樣，才能在危難來臨的時候，扭轉乾坤，化險為夷。

東方朔被稱為「滑稽大師」，他詼諧幽默，能言善辯，善於察言觀色。伴君如伴虎。在屢次面臨殺頭之禍時，他沈著冷靜，屢出厚黑智謀之語，才保住了自己的性命，並得到漢武帝的賞識。

有一次，正值三伏盛夏，漢武帝賜給下屬官肉。可是，負責分肉的大官丞不在。天都快黑了，大官丞還是沒有來。東方朔實在等不及了，就獨自拔下劍來割肉，並對其他僚屬說：「天這麼熱，我先回家去了。」說罷，拿著肉揚長而去。

一個大官在武帝面前參了他一本。東方朔奉詔入朝謝罪。

東方朔一進殿，武帝就問他：「昨天賜肉，你不等詔令下來，就擅自割肉走了，為什麼？」

東方朔趕緊免冠叩頭請罪。武帝見他平日瀟灑自如，如今也有此窘態，心裡不免發笑，嘴裡的話也就舒緩多了：「先生站起來自責吧！」

東方朔向武帝施禮兩次，才挺身而起，陰陽怪氣地說：「東方朔呀東方朔，受賜不等詔令，多麼無禮！拔劍割肉，多麼雄壯！割肉不多，多麼廉潔！回家送給妻子，又是多麼仁愛啊！」

漢武帝聽罷，不禁哈哈大笑：「讓先生自責，先生反倒自誇起來。」說完，又賜給他一石酒、一百斤肉，讓他送給妻子。

另有一次，東方朔陪武帝遊上林苑。武帝看到苑中有一棵樹，就問他：「此樹叫什麼名字？」

「叫善哉！」東方朔隨口答道。

武帝很驚奇，暗中叫人將這棵樹做了個記號，並記下東方朔所說的樹名。

幾年後，武帝又讓東方朔陪同自己去遊上林苑。到了上次那棵樹前面時，武帝又故意問道：「此樹叫什麼名字？」

「叫瞿所！」東方朔又隨口說道。

武帝聽了，以為抓到了東方朔的把柄，忙把臉色一沈，呵斥道：「你竟敢欺君？上次你說它叫善哉，這次卻又說它叫瞿所。同一棵樹，為何有兩個名字？」

東方朔心裡也有點發慌，心想：這次要是答不好，可能腦袋就要搬家了。但他臉上還是不慌不忙，回答道：「陛下，這棵樹就好比馬和雞等動物。馬長大之後，我們才叫牠馬；牠小的時候，我們稱之為駒。雞也一樣，大的時候我們才叫牠雞，小的時候則叫牠雛。牛只有在長大之後，我們才叫牠牛，牠小的時候，則叫牠犢。同樣，人在剛生下來的時候，我們稱之為嬰兒，到老了之後，卻稱之為老人。這棵樹也有一個成長過程，我以前叫它善哉，現在叫它瞿所，這很正常啊！」

武帝明知東方朔是在詭辯，對他的靈活機智和善變多謀卻非常欣賞，而且自己也實在不知道樹的真名，也就沒有再追究下去，反而給了他許多獎賞。

7・「話中有話」乾坤大

物以稀為貴。語言文字也一樣。你說得越少，越能引人好奇。而且，正因為說得少，想像以及闡釋的空間就很大，使人覺得話中有話。萬一必須強詞奪理，也容易自圓其說。

唐太宗晚年時，看到「普天之下，一派祥和，四海之內，莫非樂土」的景象，非常自負。他常常將自己和歷代帝王比較，覺得無論是創業還是守成，都沒有一人超過自己。看到順心的事多了，對逆耳的話逐漸有些聽不進去。

有一年，太宗心想：如今百姓已經安居樂業，我也可以盡情享受享受了。於是他決定籌建洛陽行宮、登泰山，搞一次聲勢浩大的南巡活動。他擔心這件事一旦讓魏徵知道，這個敢於犯龍顏的人肯定會出面阻止，所以就想悄悄進行。不料，魏徵還是聽說了，果然提出了反對意見。

魏徵和太宗進行了一場激烈的辯論，逼著太宗放棄了南巡的念頭。為此，太宗非常惱火，想報復一下，就擺出皇帝的威嚴說：「南巡可以不去，洛陽行宮卻不能不建。朕就命你去主持修建洛陽行宮。」魏徵雖十分不願，但君命難違，只好勉勉強強地答應。

魏徵到了洛陽，正趕上河南一帶遇到天災。他就將太宗撥給他的銀兩全部用於賑濟災民。太宗聽說之後，火冒三丈，立即召他回來見駕。沒想到魏徵不但不知錯，反而說了一大通建造洛陽行宮的不是。太宗再也忍受不了，當即喝令，將魏徵下了大獄，自己氣呼呼地拂袖而退。

太宗回到宮內，仍然氣憤難平，惡狠狠地自言自語：「這個該死的鄉巴佬，我要殺了這個鄉巴佬！」

這句話被長孫皇后聽見，她大吃一驚，追問道：「陛下想要殺誰？」

「還有誰，就是魏徵那個鄉巴佬兒！太不識相了，總是揭我的短，干涉我的喜好。」太宗回答。

當時，長孫皇后因病臥在床上，聽說皇上要殺魏徵，一下子便坐起來，細問緣由。太宗氣呼呼地說了，最後他說：「你不用勸我了，我心意已決！」說完，便不高興地回自己的寢宮去了。

長孫皇后是一位賢德的皇后，平時極少過問政事。這回聽說太宗要殺魏徵，深感這是大唐的不幸，必須設法從刀下救出這位難得的忠臣。可皇帝是金口玉言，怎樣才能使他收回成命呢？左思右想，她終於想出一個辦法。

她命侍女扶她起來，給她穿上只有在參加盛大慶典時才穿的衣服，拖著病體，向太宗的寢宮走去。

太宗見皇后這副打扮，非常吃驚，忙問：「皇后在內宮，何必如此拘禮？」

皇后莊重地下跪，笑容滿面地說：「我給陛下賀喜來了。」

「哦！朕何喜之有？」太宗茫然問道。

「陛下要殺魏徵，這是一件大喜事，說明我大唐還有一批冒死進諫的忠臣。我聽說主上聖明，大臣才敢直言進諫；主上昏庸，大臣們就會阿諛奉承。現在魏徵敢於直言犯上，不顧個人生死，足以表明我大唐是主聖臣忠。魏徵的死，使我大唐增添了許多榮耀，當然值得慶賀。」

太宗聽罷皇后的這幾句話，恍然大悟，立即帶人奔向大獄，當面向魏徵承認了錯誤，讓他官復原職。此後，太宗對魏徵的直言善諫，基本上做到了言聽計從。

8・借別人的兵為自己打仗

「東風不與周郎便，銅雀春深鎖二喬。」這兩句詩中的周郎，指的是三國時期的吳國大將軍周瑜，「二喬」，則指喬國老的兩個女兒大喬、小喬。大喬嫁給了吳主孫策，小喬則做了大將軍周瑜的夫人。詩人用輕鬆的語言，描述了一個永載史冊的重大事件，即吳、蜀、魏三國的赤壁大戰──「如果沒有東風幫助周瑜奪取赤壁之戰的勝利，兩個國色天香的大美人就會被曹操掠去，鎖在銅雀台了。」

周瑜多虧了東風幫忙。東風是哪裡來的？是諸葛亮「借」來的。其實，諸葛亮沒那麼大的本事，他只不過細心觀察了氣象變化，做了一次準確的「天氣預報」。周瑜就利用風勢，一把火燒得曹操的百萬大軍稀哩譁啦的！

歷史上也有借別國的兵為自己打仗的例子。

吳國軍隊在軍事家伍子胥和孫武的治理下日漸強大。有一年，伍子胥偕吳王統帥大軍進攻楚國，在柏舉一戰中，幾乎全殲了楚軍主力。隨後，吳軍乘勝追擊，攻破楚京郢都。楚昭王嚇得魂不附體，倉皇出逃。伍子胥將昭王之父楚平王的屍體從地下挖出來，令士兵重鞭三百下，出了一口惡氣。

原來，伍子胥是楚國人。楚平王聽信讒言，抄斬伍子胥全家時，只有他一個人僥倖得生，逃到了吳國。從此，他就發誓要滅亡楚國，為父兄報仇。

申包胥是伍子胥的好朋友，他勸伍子胥不要為個人的私仇而背叛祖國。可伍子胥不聽。為此，兩人斷絕了關係。申包胥也發誓說：「如果你要亡楚，那我就一定要復興楚國。」

伍子胥果真按照自己的誓言做了。申包胥非常激憤，決心與之為敵。他很快找到楚昭王，商討復國大計。不過，當時的楚國由於長期內亂，力量十分微弱，不借助其它國家的力量，幾乎不可能打敗強大的吳軍。

申包胥考慮再三，覺得諸侯各國都唯利是圖，輕易不肯出兵為別國打仗。只有秦國還有一線希望。因為楚平王的夫人是秦哀公的女兒，昭王就是哀公的外孫。藉由這點關係，也許還有周旋的餘地。於是，申包胥經過昭王允許，趕到了秦國。

申包胥見了秦哀公，竭力陳述楚國的危急情況和吳國的貪得無厭：「吳國滅了楚國，還會繼續擴張，必然威脅到秦國的安全。請大王趕快發兵。」

哀公心裡很明白，吳國和秦國相距很遠，暫時不會有什麼利害衝突。申包胥的那些話絲毫也沒有打動他，他只是敷衍地說：「一路辛苦了，好好歇息吧！」

申包胥繼續懇求，引得哀公不耐煩了，甩袖而去。

申包胥感到自己在國家危難之際有辱君命，悲感交集，禁不住失聲痛哭。他知道，在他國朝堂上做出這樣的舉動，已犯了殺頭之罪。但國將不國，哪還顧得上個人的安危。秦國的武士將他趕出朝堂，他又在朝堂之外面牆而泣，水米不進，哭聲不絕。哭到第七天，他昏倒在地。

秦哀公被申包胥的愛國之心所感動，親自出來，捧著他的頭，給他餵水，服藥，將他救醒，然後朗誦了《無衣》詩。這首詩慷慨激昂，深受秦國將士喜愛，其中有「修我戈矛，與子同行」，「修我甲兵，與子偕行」等句，表達了拿起武器共同對敵的意思。申包胥聽出秦王已決定借兵，便跪倒在地，艱難地叩了九個響頭。

不久，秦國就派出兩員大將，率兵四萬，前往楚國，向吳軍開戰。楚國剩餘的江山和殘餘的部隊終於得以保存下來。

申包胥借秦國的「牌」擋住了吳軍的「箭」。

9．不要急於為自己辯解

人落水之後，必須借助墜落的勁兒，蜷縮身體，一沈到底，再順著水流浮出水面，以求擺脫葬身魚腹的命運。處於逆境，若硬要違背客觀規律，結果只能加劇事態的惡化。逆境之中，最關鍵的是順應所處的環境並暗中積蓄力量。

一個是「無為」不做掙扎，一個是「有為」拼命掙扎，無為者生，有為者死。這就是「韜光養晦」的神妙。韜光養晦，還有另一層意思，即暫時的「不為」是為了長遠的「為」，表面的「不為」是為了實在的「為」。對處於困境和失敗中的國家、軍隊乃至個人來說，動用韜光養晦的思想，更有實際意義，因為此時客觀形勢逼迫著你一定要收斂鋒芒，藏而不露，以求安身立命，待來日重圖大業。

「韜」的本意是弓袋子，有「進去」的意思。「晦」則有「黑暗」、「隱晦」之意。比如月末，又說成是「晦日」。韜光養晦，作為一個成語，其大意是：隱藏才能，不使外露。作為一條謀略，則是指：在對敵鬥爭中，要通過各種欺騙的手

段，表面上收斂鋒芒，隱蔽實力和企圖，解除對敵方所造成的威脅感，麻痺其意志，等待合適的時機，再圖大舉。

春秋時期，晏子是一位有抱負、有才幹的政治家，很想為振興齊國幹一番事業。一次，齊景公命他去治理東阿。晏子非常高興，準備到那裡大展宏圖。可是，三年後，向朝廷告狀的人越來越多。景公非常惱怒，將他召回要罷免他的官職。

晏子畢竟有頭腦，他早已知道自己的「過錯」。為了保留繼續施展才能的機會，他非常謙恭地說：「臣已知錯。請大王再給臣三年的時間。那時，百姓必然會說臣的好話。」

景公見他知錯必改，且言辭懇切，就答應了他的請求。又過了三年，景公果然聽到不少稱頌晏子的話。他大為高興，又召晏子入朝，要予以封賞。不料，晏子竟不肯接受封賞。

齊景公感到奇怪，就問究竟是什麼原因。

晏子回答：「第一次我去東阿，讓人修築道路，施行有利於百姓的措施，於是壞人責怪我；我主張節儉勤勞，尊老愛幼，懲治偷盜的無賴，於是無賴怨恨我；權貴犯法，我也嚴加懲治，毫不寬恕，於是權貴們嫉恨我；周圍的人如果有超出法度的要求，我必定拒絕他們，於是周圍的人責罵我。為此，對我的惡語中傷四處傳揚，甚至在背後告我的黑狀。第二次，我改變了做法。我不讓人修路，拖延實施利民措施，壞人為此開心了；我輕視節儉勤勞、尊老愛幼，還釋放雞鳴狗盜之徒，無賴們為此高興了；權貴們犯法，我不依法懲治而予以偏袒，權貴們為此無怨了；周圍的人無論有什麼請求，我都有求必應，周圍的人為此滿意了。於是這些人又都到處頌揚我，您也信以為真了。三年前，您要處罰我，其實我該受賞；現在您要封賞我，其實我該受罰。大王，這些就是我不能接受封賞的原因。」

景公聽後，恍然大悟，深感晏子是一位有德有才的良臣，就拜他為相，交給他治理全國的重任。後來，齊國實力大增，再度成為爭霸天下的強國之一。

晏子在官位難保時，沒有急於為自己辯解，而靠著韜光養晦，不僅戴穩了原來的那頂「帽子」，而且獲取了高官厚祿，這可說是官場上一次厚黑的成功運用。

10・臥薪嘗膽雪深仇

君子報仇，十年不晚。無論你的目的何在，榮華富貴也好，快意恩仇也罷，只有一忍再忍，無論環境如何滄桑，無論人事物如何變化，都不致動搖意志，你才能實現最後的目標。

勾踐、文種、范蠡君臣被吳軍大敗後，率領殘兵五千餘人退守會稽山。吳軍乘勝追擊，將會稽山圍了個水洩不通——這是公元前四九四年發生的事。

越國君臣面臨了兩種選擇：要嘛拼個魚死網破，要嘛暫時委屈求全。大夫范蠡主張採取後一種策略。他認為，只有用卑辭厚禮，向吳國求和，保存殘餘的力量，才有東山再起之時。勾踐聽取了這個建議，派人攜美女、財寶疏通吳國的太宰伯嚭，請他勸說吳王夫差允許越國以吳國的屬國之身而存在。並且表示，如果不許求和，越軍也只好與吳軍決一死戰。伯嚭受人之賄，果然幫忙。於是，吳王不顧伍子胥等主張滅越大臣的強烈反對，答應了越國的請求，撤軍回國。

勾踐表明，願意永遠做吳王的忠實奴僕，侍奉在他的左右。夫差不顧手下群臣反對，接受了這一請求。於是，勾踐就穿著平常百姓的粗布衣裳，帶著夫人來到吳國。每次見到夫差，他都跪地長拜，誠懇又謙卑地表示，吳王是他的再生之父。

夫差傳令，讓勾踐當自己的馬夫。勾踐竭心盡力。他將夫差的坐騎餵養得膘肥體壯。每當夫差外出，他都親自牽馬，然後跪地讓夫差踏肩而上。白天，他刈草餵馬，他老婆灑掃馬廄、擦拭車輛。夫差起先有點不放心，就派人去察看。那回報的人總是稱讚勾踐並沒因為做這汙賤的事情而口出怨言，連不高興的臉色都沒有，他老婆掃馬糞的時候還在唱歌呢！

夫差不信，親自登上一處小樓觀看，所見果然與回報人所言相同。他大為高興。這樣過了三年，夫差有意放勾踐回國，又遭到大臣伍子胥的強烈反對。這時，夫差得了一場重病，連續幾個月四處問醫求藥，總不見好。

勾踐的臣子范蠡稍通醫術，他覺得這是幫助越王脫離虎口的好機會，就自薦說，他能醫好吳王的病。

夫差也是急病亂投醫，顧不得許多，就答應了范蠡的請求。

范蠡見了夫差，一本正經地給他「觀色、聽言、號脈」，沈吟良久才說：「大王病情很重，若不及時醫治，就危險了。不過，請大王放心，目前還有解救之法。只是，有一件事非常難辦。」

「什麼事？」夫差急問。

「需要有一個人親嘗大王的糞便，把滋味告訴我，我才能確定下什麼藥。這個嘗糞的必須真心誠意。如果勉強或強迫，就不靈驗了。大王，您看能不能這樣，等明天您有了糞便，看看哪位忠心之人願意這樣做，到時我再為您開出藥方。」

范蠡告退之後，回到勾踐身邊，建議勾踐去嘗夫差的糞便。勾踐聽罷，眼閃凶光，十指不住地顫抖，怒吼著表示，決不能接受這樣的羞辱。

范蠡說：「我這樣苦心設謀，無非是想使夫差堅信您對他忠心不二，完全放棄了王者的尊嚴，讓他早一日放我們回國。如果您不能忍一時之辱，怎麼能重圖大業呢？」他老婆也在一旁幫腔。經過再三勸說，勾踐終於答應。

第二天，夫差有了糞便，滿朝文武無一人願嘗。勾踐跪在殿外請求道：「罪臣勾踐，承蒙大王不殺之恩，無以為報，情願親嘗糞便，以表示一點忠誠之心，懇請大王恩准。」夫差身邊的重臣將這些話傳給夫差。夫差嘆息道：「難得他有這一片忠心。但他畢竟是一國之君，糞便還是由別人嘗吧！」勾踐長跪懇求，夫差才感動地應允了。

內侍將夫差的糞便端出。勾踐毫不躊躇地接過，雙手恭敬地捧起來送到嘴邊。他吐出舌頭連嘗了三次，嘴唇頻頻咂動著。周圍看熱鬧的人無不凝神屏氣，觀看著這罕見的場面。

隨後，夫差傳勾踐進殿。勾踐伏拜於地說：「恭喜大王！大王的糞便有苦鹹味，不出三天，就能痊癒了。」夫差又高興又感動，立即發誓：「等我病好了，一定放你們夫婦、君臣回國。」

夫差吃了范蠡開的藥，病果然好了。他沒有違背諾言，真的放勾踐回到越國。回國之後，勾踐向范蠡問興國之道。范蠡做了極其精闢的論述，其要義在於：盡人事、修政教、收地利。他指出，越國的當務之急是調動人民的積極性，大力發展生產，積蓄力量，富國強兵。勾踐聽罷，枯旱的心田猶如澆上一場甘霖。他立刻下旨，由文種主持國政，范蠡治理軍旅。

他自己更是苦身焦思，發憤圖強。

他積薪為床，坐臥其上，「懸膽於戶，出入嘗之。」每當苦不可耐時，他便縱聲狂嘯或喃喃自語：「你忘掉會稽之恥了嗎？」之後，又復振作精神，勵精圖治。

就這樣，通過十年的艱苦努力，勾踐乘吳王夫差率兵北上大會諸侯，國內空虛之機，毅然出師伐吳，直搗吳國都城姑蘇。結果大敗吳兵，攻陷吳都。吳王夫差幾番遣使求和，勾踐堅不同意，最後終於滅了吳國。

「韜晦之策」實際上是一種欺詐術。想讓敵人上當，就必須讓他相信你是蟲而不是龍、是羊而不是虎，然後才能龍入大海、虎歸深山。關鍵是要讓對手放下心來，甚至對你產生信任感。為此必須肯於做到利益、感情及面子上的巨大犧牲。在這方面，越王勾踐為後人樹立了一個厚黑之典範。

11・忍得一時，可以受用一世

在反敗為勝的過程中，「忍」字的作用不可低估。保持冷靜需要忍，韜光養晦需要忍，撤退避敵更要忍。軍處不利，及時退卻，按理是用兵之常法。但「退」的無形阻力往往來自內部。做出撤退的決策，你就必須忍得了誤解、嘲諷、責難、失面子、丟官罷職等等一切後果。所以人們常說：忍字心上一把刀。

切記：小不忍則亂大謀。古今成大事者，當他們處於不利的環境時，都會克制。清人辛啟泰說過這樣一段話：「不能忍，則不足以任敗；不任敗，則不足以成事。」意思是：不忍受一時的挫折，就經不起失敗的考驗；經不起失敗的考驗，就不能獲得最後的成功。在此，他鮮明地將「忍」與反敗為勝連在一起。

「君子報仇，十年不晚。」很明顯，此話之中包含了從長計議的意思。仇要報，失敗要挽回，但眼下必須咽下一口難咽的氣。要知道，忍讓是暫時的，沒有今天痛苦的「退」，哪有明天揚眉吐氣的「進」！

韓信落魄之時，有地痞無賴逼著他鑽襠而過。他強忍怒火，俯首聽命。正因他能忍，日後終於拜將封王，名留千古。

林黛玉父母雙亡，既無兄長，又無姊妹，可憐她孤苦一人，不得不寄居賈府。偏偏府中有一個「多情種子」賈寶玉。一個俊哥哥、一個俏妹妹，免不了一見鍾情。但有情人未成眷屬。算算其中的責任，林黛玉自己恐怕要負一多半。

林黛玉的情敵是薛寶釵。林、薛之爭，勝負原無定論。黛玉家道中落，雖是柔腸百結，卻無人為她主持大事。這算是一個劣勢。但寶哥哥鍾情於她。這算是一個優勢。薛寶釵家道殷實，深得薛母疼愛，為人又乖巧幹練。這算是一個優勢。但寶兄弟雖然有時也對她動些心思，畢竟不想娶她為妻。這又算是一個劣勢。可見，林、薛相較，各有短長，勝負未定。

可惜的是，林黛玉不知道發揮自己的優勢，卻常為一些小小的挫折而氣惱。她忍不了「金玉良緣」之說，忍不了寶哥哥「見一個愛一個」，還忍不了看別人家父母兄弟團圓，跟自己過不去，終日裡愁眉不展，悲悲戚戚、哀哀啼啼，最後竟淚乾心死，玉殞香消了。

12・該小人時，就別當君子

項羽拔山蓋世之雄，喑噁叱吒，千人皆廢，為什麼身死東城，為天下笑？他失敗的原因，韓信以「婦人之仁，匹夫之能」兩句話包括盡了。

公元前二〇〇年底，韓信用「十面埋伏計」，把項軍團團圍住，一舉將西楚霸王逼上了絕路。這就是名傳千古的垓下決戰。

前二〇三夏，楚漢雙方達成鴻溝協定，決定中分天下，就此罷兵。項羽遵照和約，釋放了劉邦的父親和妻子，率軍東撤。劉邦則撕毀協定，不但沒有西撤，反而緊緊尾追，並令英布、彭越、韓信各路大軍前來會合，南北共進，準備一舉將楚軍殲滅。楚軍被圍垓下，兵少食乏，處境日益險惡。一日，項羽率八百精銳騎兵，乘著夜色掩護，突圍而出。韓信急令勇將灌嬰率五千騎兵追擊。雙方經過幾番血戰，項羽渡過淮水。此時，跟在身後的騎士只剩百餘人。

項羽慌慌張張地逃到陰陵，迷失了方向，向一個老農問路。老農騙他說，應該向左。項羽於是向左急奔。但行不多遠，就陷入一片大澤之中，馬蹄難拔，行進艱難。灌嬰的騎兵又從四面合圍上來。項羽領兵向東邊殺去。突至東城，身邊只剩下28名騎士。而漢軍的追兵有數千騎。

項羽眼見這種情勢，料定難以脫身了，就對身邊的騎士說：「我從起兵到現在已歷八年，身經大小七十餘戰，戰無不勝，攻無不克，從未打過敗仗，做了天下的霸主。不料今天卻被困在這裡，不是我不會打仗，而是天要亡我啊！」接著，他又補充說：「不信，大家可以看著我如何在萬馬千軍中砍旗殺將！」

項羽將28名騎兵分成4隊，對著4個方向。面對數千名漢軍的重重包圍，他毫無懼色地說：「我要為大家斬殺漢軍的一位將領！」說完，他下令衝殺，到達山下後，在山東面分三處集合。隨著項羽一聲怒吼，28名騎士跟隨他呼嘯而下，嚇得漢軍四散而逃，一名漢將丟了腦袋。項軍果然如數在山東面分三處集合。魂飛魄散的漢兵稍微鎮靜之後，又緩緩從四面圍將上來。項羽又率兵縱橫奔突，斬將一人，殺死漢軍百餘人。他將自己的兵馬再集合一處，發現僅傷兩騎。項羽略顯得意地對大家說、「你們看我打得如何？」眾騎士異口同聲地回答：「正如大王所說！」於是，眾人信心大增，乘著漢軍畏縮不前之際，殺出一條血路，向南突圍。行不多遠，卻被烏江擋住了去路。

項羽和眾騎士立馬江岸，只見江面空闊，插翅難飛。後面，無數漢軍兵馬狂吼、奔跑，馬蹄捲起的漫天塵土遮住了藍天。這時，一條小船靠岸，走出一個人來。來人自稱是烏江亭長。他對項羽說：「江東地方雖然不大，但方圓也有千裡，民眾數十萬，足夠建立霸業。這一帶只我有船，漢軍到後將無船渡江。」

項羽笑道：「上天要亡我，我不能過江了。當初我帶領八千江東子弟渡江西征，現在無一人生還。即使江東父老肯原諒我，繼續擁立我為王，我又有什麼臉面見他們呢？縱然他們不譴責我，我也羞愧難當呀！我知道你是個忠良之人，我的這匹馬可日行千里，就送給你了！」說完，命令所有騎士都下馬步行，朝著密密麻麻，蜂擁而至的漢兵迎上去。

最後，項羽的騎士死光了，漢軍將他團團圍住，卻難以近前。項羽仰天長笑，橫刀頸上，結束了自己的生命。可憐，一代霸王就這樣完結了。

從成就大業的實用角度來說，項羽以「無顏見江東父老」為由，不肯過江東，拚死疆場，實乃下下之策。倘若他聽了烏江亭長的話，忍一時之敗，逃回江東，學學劉邦的「走」字功夫，保全性命，那天下江山屬誰，猶在未定之數呢！

第二章

不要放棄今天，就能擁有明天

Ⅰ・波蘭為什麼會亡國

失敗，如同夜深人靜時破門而入的強盜，它給人們的心靈帶來的震撼十分巨大。當失敗突然降臨，最初的片刻，當事者都會目瞪口呆。生活中，有些事情，明知不會成功，可當失敗真的到來時，人們的心中仍會掀起一陣猛烈的風暴。

生活中也是這樣。據有關資料說，在許多次火災中，由於慌裡慌張而跳樓摔死的為數極多。人們因處理不當所造成的損失要比火災本身所帶來的損失還要大。

面對失敗，無所適從，是由多種原因造成。有些人是因為對失敗過於無知，毫無應付失敗的心理和物質準備；有些人是因為不學無術，根本沒有在大風大浪中搏擊的能力；還有些人則是因為被失敗摧垮意志，以至於杯弓蛇影，草木皆兵。

戰爭史上有這樣一則趣談：一艘艦船被敵方用馬鈴薯「擊」沈了。原來，交戰雙方都打完了炮彈，相距極近，這艘艦船上的官兵看見敵方扔來許多圓的東西，以為是手榴彈，爭相逃向另一邊，致使艦船傾斜，翻沈海底。

這個故事聽起來非常可笑，卻不是絕無僅有。

一九三九年9月1日拂曉，德國軍隊開始實施「白色方案」，向波蘭發起了「閃電」式進攻。給人類帶來深重災難的第二次世界大戰於焉開始。

德軍航空兵以突然而密集的火力，對波蘭的機場、中心城市、交通要道、通信樞紐和指揮機構等實施了猛烈突擊，嚴重破壞了波軍的指揮體系，幾乎在傾刻之間就使整個波蘭陷入癱瘓狀態。與此同時，在德、波一千四百餘公里的邊境上，德軍的坦克和摩托車部隊如同開閘的洪流，向波蘭的領土滾滾而來。德軍分兩個方向實施鉗形突擊：北路由包克上將統領，轄兩個集團軍和一個坦克軍。南路由倫斯德上將指揮，轄三個集團軍、三個坦克軍和一個摩托車軍。配合作戰的還有先期裝成友好訪問，進入波蘭港口的戰艦以及打入波蘭內部的「第五縱隊」。希特勒企圖以最快的速度合圍並殲滅波軍主力，迫使波蘭來不及反應便淪亡。

德軍的進攻勢如破竹，很快就突破了敵方的第一道防線。而波軍則行動遲緩，倉促應戰，手忙腳亂之間，損失慘重。有五百多架飛機還沒來得及起飛，就被擊毀在機棚，無數軍用車、大炮還從未開封，就變成了一堆廢鐵。波蘭軍政首腦對迫在眉睫的戰爭並不是一無所知，只是他們畏敵如虎，害怕德國指責其先進行挑釁，所以未敢及時下達戰爭動員令；而且，他們既對信誓旦旦的英、法同盟國抱有幻想，又對自己作戰思想落後的一百萬軍隊估計過高。當德國的閃擊鐵流到來之時，波蘭首腦人物首先驚慌失措，既沒有組織有效的抵抗以擋住德軍的攻勢，又沒有實施有計畫的撤退以保存實力，只是聽憑士兵和愛國民眾在沒有統一戰略指導下為國拼命。尤為可笑的是，波軍在慌亂之中醜態百出，竟然派出騎兵部隊，用長矛和刀劍向德軍的坦克部隊衝鋒，致使無數英勇的波軍官兵毫無價值地葬送了生命。

德軍方面也有意加深波蘭內部的混亂狀態。除了指派「第五縱隊」衝入波軍指揮部，奪取通訊設施以發布假消息之外，還開展強大的廣播攻勢，偽裝波蘭電臺，散布假新聞。這都使得波軍無所適從，大大滋長了波蘭後方的混亂和沮喪情緒。

波蘭的混亂甚至讓德國人也感到困惑不解。波軍各個縱隊有的向前、有的向後、有的衝鋒、有的撤退，捲起的漫天塵土模糊了空中視線，致使德軍統帥部竟然有點莫名其妙：他們究竟在幹什麼？起初，德軍還以為波蘭人在要什麼花招，有意改變作戰計畫。經過一番偵察，才發現整個波蘭的確陷入了癱瘓狀態。於是，德軍裝甲部隊的挺進速度加快，其行動也更為大膽。

其實，德軍並非毫無困難可言。波蘭的地勢雖然平坦，但其道路對坦克、摩托車部隊的高速推進來說，並不理想；而且，由於德軍作戰部隊推進過快，其後勤供應、特別是油料供應日益成為問題，官兵也感到極度疲勞。遺憾的是，混亂不堪的波軍根本沒有利用這些有利條件。他們各自為戰，相互脫節，其英勇精神雖然可嘉，卻也將寶貴的力量消耗在盲目徒勞的行動之中。

9月16日，波蘭政府撤離華沙，經羅馬尼亞、法國，流亡到英國倫敦。此時，國內軍民更是陷入群龍無首的境地，出現了兵敗如山倒的局面。

短短一個月，波蘭這個擁有三千四百萬人口、一百多萬軍隊的國家就被滅亡了。波蘭的戰局並非完全不能拯救。事後，歷史學家和軍事理論家都曾假設：如果波軍早做準備，就不至於在德軍的「閃擊」面前手足無措；如果及時將主力撤向波蘭腹地，日後就有了與敵周旋的資本；如果能利用德軍的不利條件，組織統一的防禦，起碼能延長亡國的時日。但是，波蘭的決策、指揮系統亂了，那支數目可觀的軍隊雖然付出了悲壯的犧牲，卻未能保護它的祖國免遭蹂躪。波蘭最沈痛的教訓莫過於他們面對最初的失利慌了手腳，沒了主張，以至於一敗塗地，不可收拾。

2・冷靜再冷靜，才能理出思路

一個人心理素質好，面臨大事時就有一股強大的定力支撐他，使他泰山崩於前而面不改色。康熙即使在火燒眉毛的時候，也不皺一下眉頭，而是冷靜思考，沈著應變。僅僅20多歲，他就平定了一場場叛亂，讓天下臣民領教了他的威力。

「福不雙降，禍不單行。」人處於困境時，往往幾個威脅同時來臨，讓他手足無措，不知道如何處理為好。這時就要有一股「捨得一身剮，敢把皇帝拉下馬」的厚黑氣魄，看準了關鍵和時機，理清了思路，把各種威脅各個擊破。

吳三桂叛亂的消息傳入京師，引起全國的強烈震動。很多人認為康熙還是個不懂事的毛孩子，怎麼可能是久經沙場的吳三桂的對手，因此覺得有機可乘，蠢蠢欲動。由於防守京城的精兵都先後奉調南下平叛，京城非常空虛，楊起隆就利用這一時機，在天子腳下首先發動叛亂。

楊起隆本是京城人，一得知吳三桂叛亂，他就利用一些人對明朝的懷念，詐稱

「朱三太子」，祕密起事。朱三太子是明朝崇禎皇帝的第三個兒子，明朝滅亡後，一直下落不明。因此，清朝初年，各地反清起事，大多以朱三太子為號召。

經多方聯繫，楊起隆組織了京城百姓和貴族家奴一千餘人，相約以額前綁白布、身紮紅帶為標記，定於康熙十三年（一六七四）元旦之日，放火為號，在內城舉事。他們準備趁官員入朝時，各自殺死自己的主人，將來建立政權時，被殺官員的官職就由他們充任。就在他們即將舉事之際，消息不慎走漏了。

康熙十二年（一六七三年）12月21日，郎廷樞的家奴黃裁縫在夜裡喝醉了酒，胡言亂語。郎廷樞頗覺奇怪，就趁他醉意正濃時套出了他的話。原來黃裁縫也參加了楊的密謀。郎廷樞得知後大驚失色，當即擒住黃裁縫等3人，到旗主家告變。

同時，正黃旗人周公直也來告密，說他的家人陳益正聚集30多人，在家中密謀舉事。於是，康熙命令正黃旗都統圖海迅速派官兵前去擒拿，拿獲了案犯30多人。接著，又下令關閉城門，嚴行搜查，捕獲首要人犯數百人。首犯楊起隆聞風而逃。不久也被拿獲，處以死刑。一場肘腋之變就這樣平定了。

此次政變就發生在皇帝身邊，一旦得逞，後果不堪設想。所以，康熙對此事十分重視。他親自過問和處理了此案。刑部先審理完了案犯，提出一份判決書，擬將李株、黃裁縫等二百餘人按「謀反律」凌遲處死，其親屬自祖父以至子孫，還有叔伯兄弟及其兒子，凡男的年滿16歲者，都予以處斬，15歲以下之男子和案犯的母親女兒妻子姊妹及財產都沒入官府。康熙審核之時，本著從寬處理的原則，改定只將李株、黃裁縫等9人凌遲處死，蔡文以下194人改為斬首。案犯親屬，康熙不忍株連過多，一律免罪釋放，其家產也免入官，受牽連之人亦不予追究。康熙的這種寬嚴結合的處理方法，使得京師很快安定下來。

但是，不久又發生了更大的危機。康熙十三年（一六七四）四月初，河北總兵蔡祿準備叛亂，響應吳三桂。蔡祿和襄陽總兵楊來嘉原都是鄭成功的部將。鄭成功去世後，他們率部降清，被從優提拔。獲知吳三掛在雲南起兵，蔡祿內心亦萌生反意，並與起兵反清的楊來嘉書信往來，購買騾馬，製造鳥槍，命令士卒以捕魚為名，身披鎧甲，進行軍事演習，密謀舉事。

當時，侍衛關保前來出差，無意中偵知其情，當即火速報告康熙。河北是京畿比鄰，一旦舉事，必將危及京城。康熙此時卻不慌不忙，沈著考慮後，當即派遣內大臣阿密達領護軍速往蔡祿駐防地懷慶。在蔡祿還沒有將士卒鼓動起來之際，阿密達就已率部迅速包圍了他的衙署。蔡祿的部屬企圖負嵎頑抗。阿密達指揮若定，率部衝進衙署，將蔡祿父子同謀一併擒獲，四月二十四日押解北京。這樣，一場叛亂又被撲滅了。

京畿先後發生的兩次叛亂，引起了康熙的高度警覺。他感到，吳三桂叛亂已在各階層人士中產生了廣泛的影響。此時，吳三桂的長子吳應熊尚在京城，雖然已被拘禁，但終究是一大隱患，萬一再度變生肘腋，很難預計後果。兵部尚書王熙上疏，請將吳應熊處死。

王熙上疏之後，議政王大臣會議商討結果，一致支持。但對康熙來說，這是一個難題。吳應熊雖是吳三桂的兒子，卻又是自己的親姑父。從人倫而言，康熙不忍處死他。為了大清的江山，為了國家的利益，又不得不這麼做。最後，康熙果斷決定，批准了王熙的奏疏，處死了吳應熊父子。

兩次叛亂的平定和吳應熊的處死，消除了京師的隱患，穩定了人心。吳三桂得知兒子變成刀下之鬼，驚駭不已，知道康熙並不是乳臭小兒。但覆水難收，只好硬著頭皮幹下去了。

對康熙來說，事情遠遠沒有到此為止。陝西提督王輔臣叛於寧羌，耿精忠又叛於福建，提督鄭蛟麟等叛於四川……一時叛亂席捲全國，南方大部分領土都落入叛軍之手。恰恰在這個時候，京師的北邊門戶又傳來了警報。

康熙十四年（一六七五年）3月，蒙古察哈爾部布爾尼趁機興兵叛亂。

布爾尼是蒙古林丹汗的孫子。清太宗曾將林丹汗征服。林丹汗死後，清廷封其子阿布奈為和碩親王，並將公主嫁他為妻。康熙八年（一六六九年）九月，因阿布奈失外藩朝賀之禮，免除了他的親王爵位，帶入京師，爵位由他的兒子布爾尼承襲。布爾尼雖是清朝公主所生，但對清廷的做法深懷不滿，圖謀報復。

吳三桂叛亂之後，清廷無暇北顧，而且京城八旗兵大部分南調平叛。於是，布爾尼積極準備，圖謀叛亂，想伺機劫回其父阿布奈。公主設法派他弟弟阿濟根至京師告發。康熙覺得叛亂還未顯露，而且京師兵力空虛，希望盡力安撫。於是，派侍衛塞棱等去召見布爾尼兄弟及巴林、翁牛特部王公等進京朝見。布爾尼內心生疑，不但不進京朝見，反而扣留塞棱，同時煽動蒙古各部造反。3月25日，布爾尼與奈曼王札木山一同叛亂，揮師直逼張家口。

察哈爾叛亂，對京師安全構成嚴重威脅。消息傳來，康熙十分憂慮，因為京師的軍隊幾乎已全部南下，無兵可派。仔細思考後，他馬上任命信郡王鄂札為撫遠大將軍、圖海為副將軍，率師征討。京師無兵，圖海就把八旗家奴組織起來。由於圖海領兵有方，這支從來沒有打過仗的家奴部隊表現出很強的戰鬥力。

4月22日，圖海與布爾尼在達祿決戰。布爾尼在山谷間部署伏兵，列陣以待。鄂札與圖海率家奴兵分頭進擊，冒著布爾尼的炮火，奮勇向前，衝亂了布爾尼的陣腳。布爾尼的部屬都統晉津陣前倒戈，反攻布爾尼，布爾尼大敗而逃。與此同時，科爾沁和碩額駙沙津亦率兵來援。不久，沙津率兵將布爾尼及其弟羅不藏全都追殺。不到一個月，就將這次叛亂徹底平定。

當叛亂發生在身邊，康熙一直保持冷靜，一件一件地將之擺平，靠強大的定力穩定了朝政，改變了被動局面，為最終平定三藩之叛奠定了重要的基礎。

冷靜和清醒的頭腦靠什麼維持？靠處變不驚的沈著。這時，在旁人看來，好像沒那麼回事兒，實在需要極深的厚黑修養。陷入危局或兵臨敗境，只有沈著應付，冷靜思考，有條不紊地組織抵抗，才能將損失和失敗減小到最低限度。

劉邦與項羽對陣，胸部中箭，傷勢很重。他以手掩住腳，若無其事地說：「射中我腳趾。」藉此穩住了軍心。

在著名的敦克爾克撤退中，英國將領亞歷山大漫步沙攤，不時和官兵聊天，以一種泰山不倒的形象防止了部隊潰敗。

第二次世界大戰之際，美國情報部門在日本偷襲中途島之戰中成功地破譯了其密碼，掌握了日本作戰部署的大部分情況，從而有針對性地進行了作戰準備，準備將計就計，痛殲來犯的日軍。就在這關鍵時刻，美國一位嗅覺靈敏的新聞記者察知端倪，以獨家新聞，從芝加哥的一家報紙中捅了出去。形勢一下子變得嚴峻起來，本來十分有利的態勢忽然變成被動的態勢。日本人有可能更換密碼或調整部署。

面對如此嚴重的洩密事件，美國總統羅斯福卻表現得異常平靜，既沒有對當事人興師問罪，也沒有指令美軍調整部署，而是裝得好像一切都沒有發生。這種平靜起到了意想不到的作用。日本人大惑不解：芝加哥報紙所言是真的嗎？如果是真的，美軍為什麼無動於衷？結果，日本情報機關對此未採取相應措施。

最後，中途島戰役美軍大勝，一舉扭轉了太平洋戰局。

3・只要有變化，就會有機會

很多人之所以失敗，就是因為不會靈活地處理問題。項羽部將龍且就是這樣一個人。韓信自己不變，以計刺激也，讓他按照自己的要求變化。這相當於讓敵人自動把脖子送到自己的刀下。

韓信為了收復齊國，派酈食其去勸降。齊王田廣拒降，還把酈食其殺了。韓信聞知，又悲又怒，親催漢軍攻打齊都臨淄。齊國君相臣民雖奮力固守，卻因士兵缺乏訓練，城牆沒有修繕，終於抵擋不住漢軍晝夜不停地猛烈攻打。幾日後，臨淄城被漢軍攻破。齊王田廣逃往高密，田橫逃亡博陽。田廣萬不得已，只得向項羽求救。

韓信進入齊都，出榜安民，引兵追趕田廣。項羽接到田廣求救之時，正在廣武山與劉邦對峙，遂派龍且為大將，周蘭為副將，領兵20萬救齊。龍且帶領楚軍星夜兼程，很快就與田廣在濰水東岸會師，沿岸紮營，綿延幾十里。

韓信得知龍且率兵救齊，立即報知漢王，要求調回灌嬰、曹參二軍，也沿著濰水岸邊紮營。他召集諸將商議：「龍且是楚國名將，甚為武勇，只可智取，不可力敵。諸將務必聽命。」眾將依計各去準備。

龍且也在進行軍事部署，與副將周蘭計議道：「據我所知，韓信不過是一個平常之人。以前甘心受別人胯下之辱，膽量不及中等之才。這樣的人難道有什麼可怕之處！」

周蘭說：「將軍不要這樣去看問題。韓信自從攻下三秦，所遇之敵，無不望風披靡。即使霸王，也常被他的車戰所敗。這人足智多謀，狡詐莫測，將軍要提防上當，不可大意輕敵。他過去雖然討飯和受辱，那是因為他知道將來自有大用，不與小人計較，不能說他無能。」

龍且不以為然：「韓信雖然一向取勝，只因尚未碰上勁敵。一旦碰上智勇雙全的人，他哪能使用詐謀？」

龍且一副傲慢的神氣，差人到漢營下戰書。

韓信看完龍且戰書，怒氣沖天，要斬楚使。諸將力勸。韓信令杖決三十，在其臉上刺了「來日決戰」字樣，驅逐出營。

使者回到楚營，哭告詳情。龍且動怒，馬上就要出戰。

周蘭再三勸阻，勉強過了一宿。

次日兩軍對陣，韓信、龍且各出陣前。

龍且數落韓信：「你原是楚國舊臣，竟背主降漢，作威作福。現已佔有關中大郡，竟貪心不足，膽敢抗拒天兵！快早早下馬投降，本將免你一死！」

韓信大笑：「你上門送死，尚且不知，還敢搖唇鼓舌？」

話不投機，雙方開戰。戰不多時，韓信引兵向東南奔去。

龍且笑道：「我早知道韓信膽小如鼠！」率兵在後面緊追。

周蘭拍馬跟著，望濰水河邊而奔。到了河邊，只見濰水乾涸，漢兵淌水而過。

周蘭忙攔住龍且：「濰水本是長流大河，如今卻乾涸無水，定是有人阻斷上游流水，我軍如果追到河中，必被漢軍放水淹溺。將軍不可追擊。」

龍且說：「韓信大敗，逃命尚且來不及，還有什麼詭計玩意兒？河水本來隨著旱澇而多或少，如今十二月隆冬，正是水涸之時，河中自然無水，有什麼好大驚小怪的！」

有人傳報：「韓信就在前面不遠！」

龍且一聽，也不多想，指揮人馬下河，盡力追趕。

走到中流，只見一隻斗大燈球，旁邊立著一塊木牌：「吊燈球斬龍且。」

周蘭等將校一齊過來觀看。

龍且說：「這一定是韓信見我大軍追趕甚急，故意設立，想要惑亂我軍。」

周蘭說：「怎能一時造出此牌？這定是韓信誘兵之計，在此設下埋伏，以此燈為號。快將燈球砍倒，漢兵不戰自亂。」

龍且舉刀砍倒燈球。只見兩邊漢兵齊聲吶喊，濰河上游流水洶湧而來，波翻浪滾，疾如奔馬，剎那即至。楚兵正在河流中游，盡被大水淹沒。龍且聽到水聲漸近，急忙打馬前奔。他的馬是一匹千里馬，一躍就到了岸上。

一聲炮響，曹參、夏侯嬰引兵殺來。龍且在重圍中左衝右突，哪能夠前進半分。慌亂中，被曹參手起刀落，斬於馬下。

韓信素知龍且驍勇非常，性急如火，先激怒他，又命漢軍在上游用沙袋堵住河水，河中以燈球為記。燈球一落，即去沙袋，放水淹殺楚軍。又在岸上埋伏大將精兵，圍剿龍且。

齊王田廣聽到水淹楚軍的消息，心急如焚，忙與侄子田光向田橫問計：「龍且如此驍勇，也被韓信殺了！我如今勢孤力窮，豈能自保？與其束手待斃，不若乘漢兵尚未包圍城池，統領人馬進入海島避難。待天下太平，看看楚漢兩家成敗，那時再說。目前即使投降，韓信也不會相信。」

齊國君臣商議停當，次日清晨，打開東門，一擁而出。韓信聞知，急派大軍追趕。田廣等剛行二十餘里，正遇夏侯嬰，攔住廝殺。漢軍活捉了齊王田廣和田光。田橫不敢戀戰，殺開血路，逃往海島避難而去。

龍且輕敵，中了韓信之計，關鍵還是韓信的厚黑計謀起了作用。敵人有變化，我方才能有機會，所以要想方設法讓敵人發生變化。韓信的應對之謀取得了這樣的效果，沒有費多大力氣，就水淹楚軍，佔領了最富庶的地區。

4．以不變應萬變

以不變應萬變，並非看著變化而無動於衷，而是在靜觀中抓緊時間，積聚力量，搜集情報，並進行多種準備。有時則是為了全局利益，暫且犧牲局部利益。總而言之，如果這條策略運用得當，可發揮意想不到的作用。

劉秀就是這方面的厚黑高手。劉秀參加綠林起義，立下許多戰功，引起皇帝劉玄的猜忌。劉玄為了保住自己的位置，殺死了戰功卓著的劉縯。劉縯正是劉秀的兄長。劉秀忍辱負重，才免遭殺身之禍。後來他投往邯鄲，又因故與統治這裡的趙繆王之子劉林結怨。劉林詐稱漢成帝之子，自立為王，派人進攻劉秀，並懸賞捉拿。

劉秀把隨行的人都召集起來，商量下一步該怎麼辦。耿弇站起來說：「王郎的兵馬正從南邊開過來，我們迎頭往南走，無異於自己尋著去送命。漁陽和上谷駐有上萬騎兵，個個能征慣戰，把他們調下來，準能消滅邯鄲的那群蝦兵蟹將！」

儘管耿弇說得風趣又有理，可大家看他還是個小娃娃，靠不住，就賭氣地說：「我們是南方人，要死也要死在向南的方向！北邊人生地不熟的，去那裡找誰？」

劉秀生氣了，說：「耿弇雖然年紀輕，可他年輕老成，父親曾是上谷太守。就依其言，我們去北方。」

正在這時，外邊卻傳來一片嘈雜聲。門口擔任警戒的人進來報告：「街上匯集了一大堆人，口口聲聲喊著要捉拿劉秀，正向這裡靠攏！」

原來，薊州城裡有個叫劉接的人，是漢武帝的第六代孫。他雖為皇家後裔，但貪圖王郎重賞，與縣令勾結，帶了一幫人馬，要把劉秀押到邯鄲請功。

馮異、鄧禹、王霸等一下子跳起來，拖著劉秀就往外衝。可這時城門已經關閉，大街上的人越聚越多，連聲喊著：「不要放走了劉秀！」

銚期自告奮勇，在前邊開路。只見他雙手揮舞畫戟，邊走邊喊：「真正的皇帝就在這裡，敢攔擋者斬！」有幾個躲得慢了點，被他刺翻在地。王霸握著一柄明晃晃的長槍，雙目怒睜殿後。馮異、鄧禹領著其餘的人，手執各式武器，圍在劉秀四面，牢牢保護。那些想捉拿劉秀的人都給唬住了，遠遠跟著，誰也不敢貿然靠近。

銚期趕跑南門的守軍，打開了南城門。眾人一溜煙出了薊州城，向南面狂奔。奔跑了大半天，看看後邊沒有人追來，方才停下來喘口氣。

劉秀檢查了一下部隊，幸好沒有一個人受傷，卻不見了耿弇。沒有耿弇，向北去沒人帶路，他們只好往南走。

走大路害怕不安全，便專挑沒有人煙的小路走。第三天清晨，他們進入饒陽縣。路邊有個破舊的小房子，上邊刻著「蕪蔞亭」三個大字。劉秀讓眾人進去休息一會兒。

好幾天水米未曾沾牙，一個個餓得前胸緊貼著後背。劉秀心力交瘁，顯得更為疲困，眼前一黑，竟昏死過去。鄧禹、王霸趕忙把他抱在懷裡。馮異脫下自己身上的坎肩，到附近一家農戶換了半碗豆粥，趁著餘溫餵到劉秀嘴裡。劉秀喝完豆粥，身上開始有了些熱氣，掙扎著睜開了眼睛。大家鬆了一口氣，攙扶著他，搖搖晃晃進了饒陽縣城。

饒陽縣城有個專門負責接待過往差人食宿的傳舍。劉秀看大家餓得實在沒辦法繼續前進了，便硬著頭皮，進了傳舍。為避免被認出，他化裝成王郎的使者，讓驛丞趕快拿飯菜出來。

傳舍中的官吏見他是王郎的使者，便送上食物。熱騰騰的飯菜端上了桌，誘人的香味撲鼻而至。王霸、銚期也不用筷子，兩隻手抓著飯菜猛往口裡塞，眼珠子噎得直往上翻。在一旁觀察的驛丞犯了疑：邯鄲來的官差怎麼跟逃難的人一樣？便使了個心眼，悄悄溜到外邊，擂響驛舍門口的警鼓，一邊擂鼓一邊喊：「邯鄲將軍來了！邯鄲將軍來了！」

銚期、王霸塞進嘴裡的飯也顧不上往下咽，一口吐到地上，抽出刀劍，破門而出。劉秀也在眾人保護下坐到車上。

他抬頭向四周看了看，縣城裡人山人海，像這樣跑是跑不出去的。轉念一想，如果邯鄲真的派來將軍，自己手下這些疲憊不堪的人肯定逃不掉。他從車上下來，慢慢走進屋中坐下，說：「讓邯鄲將軍出來見我，我要問問他事情辦完了沒？」

過了很久，劉秀才乘車離去。傳舍中的官吏見他鎮靜異常，一時弄不清這些人的真偽，只得把他們放走了。劉秀從饒陽脫險之後，到了信都，在信都太守任光幫助下，召集了四千人，又先後攻下堂陽、貰縣等地，慢慢壯大起來。

劉秀的做法，正是以不變應巨變。他如果倉皇逃走，情況只能更糟。而他鎮靜自若，反而逃過了一次危險，也混上了一口飽飯，為來日發展奠下基礎。

5・成吉思汗以變化的眼光審時度勢

凡與人交涉，必須將他如何來，我如何應，四面八方都想過，臨到交涉時，任他從哪面來，我才能應付。就像下棋，所謂高手，就是能預測對手的招數並將其進路一一拆解或封殺出局的人。

成吉思汗之所以成為威震世界的大汗，主要是因他在不同的時勢中發揮出自身全部的厚黑才智。他並沒有從一開始就給自己制定一個固定的計畫，而是根據形勢的發展，適當地調整自己。對於英雄人物來說，發揮出自己的能量就是成就。

成吉思汗是天才的軍事家、戰略家。根據他的坎坷經歷，我們可以看出他確實具有超人的資質。但只有這種內在的資質，還不足以使他成為歷史上最偉大的人物之一，更重要的是，他的一生經常面臨險惡的環境與時勢，由於這種外在的壓力，使他超人的潛質不斷發揮出來。這正是所謂的「時勢造英雄」。他最成功的一點在於他不論面臨何種情況，都能根據實際的需要，有什麼就吆喝什麼，採取恰當有效的厚黑策略。他還能虛心接受別人的意見，經過自己認真的分析，擇善而從，並在實際行動中貫徹執行，從而逐步達到自己的目的。

成吉思汗運用謀略的開端，是利用王罕與其父也速該的親密關係，藉之為外援，以謀劃恢復父業。在得到王罕的允許之後，他借助王罕答應出師之名，激使札木合也替自己出兵，然後再借用札木合答應出兵的事實，再激王罕發兵，用此兩個部落的強大兵力，北征蔑兒乞部。從此之後，他便縱橫馳騁，施展各種謀略，逐步統一蒙古。

北征蔑兒乞，奪回妻子孛兒帖之後，成吉思汗以非常遠大的眼光和氣魄，依附札木合，甘為札木合的部下。他想利用札木合幫他恢復孛兒只斤部長的地位，重新掌管他的百姓。不料札木合常以他的妻子被搶而生子之事加以譏辱。成吉思汗知恥近乎勇，展開了傾覆札木合而奪其部眾，重建獨立地位的謀略。

當時成吉思汗年僅25歲，他能在強大的札木合眼皮底下幹出如此成功之舉，當然令札木合憤恨和嫉妒。成吉思汗恰如其分地利用了父親也速該過去在蒙古各部中的威望，號召業已離散的各個部落，重振獨立大業，這是非常得人心的舉措。所以，他能於屈居人下之時，逐漸收聚人心。待時機成熟，他與數十個忠誠幹將毅然脫離札木合部，逃回幼年時的故鄉，舉起獨立的大旗，吸引蒙古各部紛紛來歸，由此奠定了創業的基礎。

在眾人推舉之下，成吉思汗即大汗之位。由於擔心札木合前來攻擊，他團結部屬，上下一心，戮力圖強，並組織自己的宿衛部隊，制定嚴格有效的法令紀律，建成堅強有力的戰鬥核心，使得自己首先立於不敗之地。

於是，成吉思汗建立起蒙古歷史上最為嚴格而有效的戰鬥組織，對於他日後的成功，極為重要。這一點，他表現出超乎常人的遠謀大略。靠著這些組織與法令，不僅減少了野心家的覬覦，而且形成了能夠有效指揮整個部落的中軍。這是他創業的基點。

由此觀之，成吉思汗之所以成為成吉思汗，多是迫於時勢而發揮出自身之才智所促成。他曾被泰赤烏部長俘虜，以死囚之身，被押赴蒙古各部示眾。因為他身分特殊，各部落高層對他並無任何隱諱，因而他在被看守當中，實際上已經看遍了各部內部的施政情況及首腦人物的作為，也聽到很多關於他們的政治內幕和貴族中的隱私醜聞。等他脫離大難，成家立業，又多次看到克烈部王罕的排場。在他追隨札木合一年多的時光中，更深入瞭解到札木合為政上的一切得失。因此，新即汗位之初，他便在內政與外交上採取了一系列革新措施。

成吉思汗自幼喜歡聽老人們講故事，從這些有關蒙古歷史與人物的故事中，學習到辨別善惡是非及判斷情勢成敗的能力。他生長在艱苦的環境中，能夠虛心接近各種人物，進而瞭解他們的心理反應。所以，他的人生經驗遠比一般人豐富。他自己為政，常能集思廣益，聽取眾人的意見，然後擇善而從。看他首先建立內宿衛、外宿衛和散班巡察、物品供應四種部隊在其左右，就可知他非常明瞭今後的任務是要建立一個龐大的軍事帝國，而這四種部隊就是他指揮一切的行政首腦部門。那些隊長、總隊長，都是他的侍衛官，也是他的得力參謀，更是隨時可以獨當一面的大將。這樣的組織，不僅可以保證他的命令得以有效執行，而且可以把政治、軍事和經濟大權都集於一人之手。

在其首腦部門之下，還有兩種組織：一是組成十三個「古蘭」，作為作戰部隊；一是對生產單位進行分工，如管牧馬、牧牛羊、對外貿易、招待賓客、訓練騎射、圍獵、戶口、技術等，都是軍國體制下的野戰軍與政治組織。為了促使自己的部屬可以作戰，他更將部落中的百姓分給各個將領。他將每十個生活在一起的壯丁組成一個十夫隊，讓其中一人擔任十夫長；每十個十夫隊組成一個百夫隊，任命其中一個十夫長擔任百夫長；再在百夫隊的基礎上組成千夫隊，千夫長就是將軍。

各級為長者發展並運用就近可用的資源，養育、訓練他們所指揮的部隊，使之保持精力充沛，士氣高昂，信心堅定，能以最好的狀態參加作戰。這是一種能夠調動各級軍官與士兵活力的體制，在蒙古歷史上是第一次出現，充分反映了成吉思汗的戰略巧思與組織之謀。

外交方面，成吉思汗自25歲稱汗起，至40歲助金夾擊塔塔兒部為止，15年中，他採取「見廟燒香」主義，對所有素有地位和勢力的部落首領，一律予以尊重。如對克烈部長王罕，就尊稱他為「父王」，依為自己的靠山，按時入貢。史稱這是成吉思汗「依附王罕的時代」。

他對王罕的順從非常周到，令王罕一直極為相信他，最終也不願與他為敵。

成吉思汗也承認金國的統治，對金國總是準時進貢，年年進奉良馬白駝。這在金國史書中也有記載。成吉思汗對其東方的札木合、北方的泰赤烏部、西方的蔑兒乞部、西方的乃蠻部、南方的塔塔兒部，都曾想方設法，與之修好，甚至在共同圍獵之時，故意驅趕野獸進入他們的圍場，以買其好。

善於根據需要，調整自我，是每個英雄豪傑的共同特點。曾國藩應對的精髓是他能夠準確判斷時代的大趨勢，使自己不落伍，總是站在時代浪潮的頂端。他因時而變，切中時代主題，充分驗證了「識時務者為俊傑」的至理名言。

在變幻不定的形勢下，要以變化的眼光去審時度勢，並迅速適應變化。善於求變，可使自身始終在變局中處於主動地位，掌握有利的時機，實現最大的利益。

求變的特點是：強調自身的主觀能動性，不僅被動應變，往往率先採取行動。無論對於個人還是國家，求變是一種極高的應對變局的境界。主動求變，能變不利為有利，變落後為領先。

6．沒有挫折，就沒有成功

高空彈跳的運動非常刺激。把人從高高的平臺上拋下萬丈深淵，那瞬間的感覺不知是啥滋味，很多人不敢體會。其實，大膽的尋刺激者心裡明白得很：腳腕上繫著粗粗的安全帶，不會摔死的。如果沒有那根安全帶，誰敢拿生命開玩笑。

事實上，整個人生旅途，誰敢保證不會冷不丁玩一把彈跳，而且是被推下去的，沒有繫安全帶。這種時候，大多數人必然心想：一定完了！可是，的確有人奇蹟般地彈上來。艾柯卡就創造了這樣的奇蹟。

世上沒有哪位企業家像艾柯卡那樣命運多舛，大起大落，幾經沈浮。但是，每當遇到挫折，他都能坦然承受。正是憑著對挫折的耐受力和見廟燒香的厚黑本事，他最終屹立於命運的潮頭。

他從一個默默無聞的推銷員扶搖直上，為福特公司實現了每年盈利18億美元的目標，登上福特汽車公司總經理的寶座。正當他光芒四射之時，卻莫名其妙地被老

闆炒了魷魚，從權力之巔墜落谷底。這時，他和常人一樣痛苦不堪，滿腔屈辱、憤慨、沮喪，幾近瘋狂。但是，他沒有垮掉。在行將退休的年齡，他受命於危難之際，接過瀕臨破產的克萊斯勒汽車公司這個爛攤子，經過幾年拼打，使其起死回生，成為全美第三大汽車公司，並贏得了比六十年來利潤總和還要多的年利潤。他那鍥而不捨，轉敗為勝的奮鬥精神使人們為之傾倒。一時間，他成為美國人心目中的民族英雄，全世界聞名的超級企業家。

人在奮發的過程中才能發現並發揮自己的潛力。也就是說，每個人內在的潛能都是無窮的，如果總是按照慣性的生活方式度過一生，就把可能發揮的能力都掩蓋掉了。用新的任務、考驗去激發內在的潛能，你就能把它發掘出來。

人生之路不可能永遠筆直。一個人在物質或精神方面的願望，常常會因為這樣或那樣的原因，而受到阻礙或中斷。面對挫折，任何人都會引起一定的心理反應。有的人情緒穩定，沈著應對，有的人緊張不安，束手無策；有的人百折不撓，越挫越勇，有的人心灰意冷，一蹶不振；有的人事過境遷，逐漸淡忘，有的人耿耿於懷，念念不忘。

可以說，挫折也是生活中的組成部分，每一個人都會遇到。不是遇到這種不幸，就是遇到那種厄運；不是遇到大坎坷，就是遇到小麻煩。雖然我們不歡迎挫折，不喜歡挫折，但又總是避不開它。從某種意義上說，生活就是喜、怒、哀、樂的總和。有喜有樂，自然就會有怒有哀。自然間的萬事萬物，無一不是在曲折中前進，螺旋式上升的。一切順利且直線發展的事幾乎沒有。所謂「一帆風順」、「萬事如意」，往往只是人們的良好希冀而已；「天有不測風雲，人有旦夕禍福」，倒是司空見慣。縱觀古今，許多著名的科學家、文學家和政治家都是在逆境坎坷中磨礪過來，人類創造文明與進步的事業無不經過挫折與失敗。

挫折本來就是一種客觀的存在，關鍵在於怎樣認識它和對待它。如果對挫折沒有正確的認識，缺乏應有的心理準備，遇到挫折就會驚惶失措，痛苦絕望；有了正確的挫折觀，做好充分的心理準備，認識了挫折是人生中不可避免的一部分，並且敢於正視它，不灰心、不低頭、不後退，堅韌不拔，就能把它當作進步的階石、成功的起點，從而不斷取得進步。

7．得人心者，得天下

孟子說過：「得人心者，得天下！」這是最早的人本思想。所以，行厚黑者有時要幹幾件得人心的事兒，才能得到支持，達到自己的最終目的。

明正統十四年7月，蒙古族瓦剌部首領也先率兵分四路大舉進犯明朝邊境。明軍在貓兒莊、四河口接連被瓦剌軍打敗，永寧也被瓦剌軍攻破，邊境連連告急。

英宗寵臣，權傾朝野的宦官王振為保其家鄉蔚州的萬貫家財，並乘機炫耀權勢，挾持英宗，率五十萬大軍出征。八月初，明軍抵大同。得知陽河口慘敗之訊，急令撤軍。起初，王振為使皇帝「臨幸」其門，決定走經由紫荊關回北京那條距離較遠的南路。客觀上，這條路也比較安全。中途，王振私心發作，恐大軍過蔚州，毀壞其莊田裡的莊稼，又改令經宣府回京的北路近道。五十萬大軍不得不折而向北。行至土木堡，為瓦剌軍四面合圍。也先詐稱議和並佯退，明軍急不可待，移營就水。也先軍乘明軍混亂之際，大力衝殺。明軍不敵，英宗被俘，五十萬大軍全軍覆沒。王振被明將樊忠斬殺。這即是有名的「土木堡之變」。

皇帝被俘，軍隊主力被殲，明朝舉國群龍無首，朝廷一片驚慌。京師守軍不過十萬人，明王朝陷入嚴重的危機，出現遷都南逃的主張。也先這時又挾持英宗，以皇帝的名義，令各鎮守將領開城出降。明朝士氣低落，民心不穩。

兵部左侍郎于謙痛心不已。他駁斥逃跑的主張，力勸英宗之弟朱祁鈺即帝位以振民心，粉碎也先挾英宗以令諸侯的詭計。

9月，朱祁鈺奉皇太后詔命即帝位（景春帝）。于謙升任兵部尚書。

鑑於奸臣王振長期擅權，欺壓百姓，于謙在加強防務部署的同時，嚴懲王振的餘黨，並撤換了一批不稱職的官吏。京城的防禦得到了加強，京城秩序井然，軍民團結，士氣大振。

10月，瓦剌軍挾英宗大舉進犯北京，京師軍民意氣風發，誓死防衛。11日，也先率軍兵臨北京城下。他打出送還英宗的牌子，企圖誘騙京師守將于謙、石亨前往談判，以便扣留。剛主朝政的朱祁鈺不知所措，問計于謙。于謙堅定地回答：「今日只知有軍旅，他非所敢聞。」決心抗戰到底。

13日，瓦剌軍開始進攻。明朝方面因有援軍到達，軍心大振。于謙把22萬守軍分列於九門之外，利用週邊及各門，屢敗瓦剌軍的進攻。居民也積極協助作戰。危急時刻，百姓「升屋呼號，投磚擊寇，譁聲動天。」瓦剌軍先攻德勝門，遭明軍伏擊，大敗於城下；轉攻其它城門，也遭失敗。這時，各路「勤王」明軍陸續趕來。瓦剌軍後路被斷，連戰皆敗，擁著英宗匆匆撤圍西逃。于謙指揮明軍乘勝追擊。

明朝北京保衛戰，由於廣大軍民同仇敵愾、團結一心以及于謙的正確指揮，終於取得了勝利，從而扭轉了明朝北部邊防的不利形勢，使明朝統治者轉危為安。這其中，于謙的立新帝、懲奸臣、振民心、勵士氣等措施發揮了巨大的作用。

在軍心要素中，人們往往只注意眾多士兵的士氣高低，卻常忽視對眾多軍心士氣有重要影響的統帥的信念。可以說，這是一種激勵軍心的巨大力量，它的開發成功與否直接關係到全軍將士精神狀態的好壞，並對作戰行動產生直接的影響。

對於統帥的這種潛力，除依靠統帥本人的自行發掘以外，還得靠外力巧妙地開發。歷史上確實有很多「頭腦僵化」的統治者被一時的危難嚇破了膽，一見敵人動兵，就趕緊派欽差大臣前去議和，結果常落得國破家亡，同侵略者簽訂了一系列喪權辱國的不平等條約。

8・積極的心態造就一切

「兵熊熊一個，將熊熊一窩。」士兵和下屬的士氣固然重要，上司和將帥的士氣更重要。如果在失敗的困境中，領頭羊先喪失了反敗為勝的信心，缺少積極的心態，一切都將不可能。

這個世界，每個人都時時刻刻盼望著實現自我價值，企盼著發財致富，事業成功。而成功的征途有如攀登一座金字塔，最後能登上金字塔頂的人總是鳳毛麟角，停在半途及塔底的人肯定是多數。站在成功之巔峰的人必然活得充實、自信、灑脫，失敗的人則過得空虛、艱難。

成功的機會，人人平等，卻為什麼得到這樣的結果？

有許多研究成功的專家對此現象進行過探討，加之傑出成功者的自我總結，得出了這樣的結論：成功者和不成功者的心態，尤其是他們在關鍵時刻的心態之差異，決定了他們各自的命運。

成功的人始終以積極的思考、樂觀的精神和輝煌的經驗支配和控制自己的人生；失敗的人則往往被過去的各種失敗和疑慮引導，他們總是空虛委瑣、悲觀失望、消極頹廢。

有的人總喜歡說，他們的境況是其他人造成的，環境決定了他們的人生位置。實際上，他們的境況根本不是周圍的環境造成的。歸根結柢，怎樣看待人生，都由每個人自己決定。

成功的要素就掌握在你自己手中。你究竟能飛多高，其它因素雖有影響，關係還在於你自己的心態。

回味一下自己的經歷，不難發現：你如何對待生活，生活就如何對待你；你怎樣對待別人，別人就怎樣對待你；你在一項任務剛開始時的心態，決定了你最後將有多大的成功。你的地位越高，越能找到最佳心態。

任何一種單一的方法都不能保證你凡事心想事成，只有在積極的心態和其它成功的要素之間緊密結合之後，你才能達到成功的彼岸。反之，堅持消極態度的人一定會失敗。

其實，我們每個人都有著「積極心態」和「消極心態」的兩面性：積極心態使人登峰造極，一覽眾山小；消極心態使人陷入谷底。前者能吸引財富、成功、快樂和健康；後者則排斥這些東西，奪走生活中的一切。

那麼，心態是怎樣影響人的呢？它是借助行動來體現，同時又得到加強的。

比如，你有一個信念：你能夠很迅捷地完成自己所承擔的工作。這時你會覺得在工作中充滿信心，並在實踐中極力做好工作。這就是你的積極行動加深了你的積極心態。又比如，你欣賞一個人，就會主動與他交往。接著，你持續發現這個人的諸多優點，從而更加喜歡他。這是情緒和行為相應的一種反應。

一種心態一旦存在，你的行為更會加深這種心態。

那麼，如何保持積極的心態，使自己的事業朝著既定的目標順利進行呢？

第一，必須認識到你和其他任何人一樣，心態上具有前述的兩面性：既有「積極」的一面，又有「消極」的一面。在生活和事業中，不可沈溺於消極心態，而須養成積極心態。

第二，要樹立「你是對的，則世界就是對的」這樣的信念。

第三，時刻牢記，消極心態是失敗、疾病與痛苦之源，積極心態則是成功、健康與快樂的保證！你的心態會決定你是否能獲得成功。無論情況如何，都要抱著積極的心態，莫讓沮喪取代了你的熱情。

第四，通過具體可行的途徑，培養自己的積極心態。有些人與生俱來就是「樂天派」；另一些人則必須經過學習，才會擁有積極的心態。使自己的言行舉止像你所希望成為的人那樣；具有必勝、積極的想法；用美好的感覺與目標去影響別人；讓你遇到的每一個人都感到自己很重要，是被需要的；隨時存感激之心；學會稱讚他人；學會微笑；四處尋找最好最新的觀念；放棄那些瑣碎的小事；培養奉獻精神；永遠認為什麼事都有可能。

第五，立即行動起來。經常用這些話提醒自己：一個人的心所能構思而確信的，他便能完成它。

9・千萬不要在一棵樹上吊死

戰國時代的縱橫家蘇秦以合縱抗秦成名於世。但最初他是主張連橫的。（當時，齊、楚、燕、趙、韓、魏六國聯合抗秦，稱為合縱；而秦與個別屬國聯合打擊其它國家，稱為連橫。）

蘇秦一開始想見周天子。可是，周天子的近臣瞧不起他，周天子更是拒他於門外。蘇秦只得改變主意，打算到秦國去求見惠文王。因為他分析了當時列國紛爭的形勢，認為天下之強，莫過於秦國，如果能聯合一兩個國家，一個個去攻破其它國家，就有可能使秦王成就帝王之業。因此，他希望得到秦王的重用。

主客互相寒暄之後，秦惠文王便問：「先生有什麼可以教誨寡人的嗎？」

蘇秦答道：「教誨不敢。不過，大王如願聽聽，鄙人願呈獻一點看法：大王的國家，西有巴蜀、漢中的富饒，北有胡貉、代馬的軍備，南有巫山、黔中的險峻，東有崤山、函谷的堅固。田地如此肥沃，百姓如此富足，軍隊如此強大，地勢如此險要，大王您攻守都能隨心所欲，滅其它國家可說易如反掌，自然可以吞併諸侯，一統天下。」

蘇秦拍了秦王一通「馬屁」，可惜拍錯了地方。出乎他意料之外，秦王委婉地反駁道：「寡人聽過這樣的說法：羽毛不豐滿的，不可高飛；法制不完備的，不可施刑；道德不高尚的，不可牧民；政教不順通的，不可舉賢。感謝先生不遠千裡來到吾國指教，他日有空，再恭聽先生的高見。」

蘇秦只得回到客館，等待惠文王的答覆。可一連數天，不見秦王召見。於是，他一連寫了十封獻策的報告。呈上後也如石沈大海。這時他的生活出現困難，皮袍穿破了，錢也用完了，只好將就穿著草鞋，面顯菜色，極其狼狽地離開秦國，回返家園。到了家，妻子不從織機上下來迎接他，嫂嫂對他冷眼相待，父母也若無其事，形同路人相待。蘇秦喟然嘆道：「妻子不把我當作她的丈夫，嫂子不把我當作她的小叔，父母也不把我當作他們的兒子，這都怪我不爭氣啊！」

蘇秦此次回家之後，既不訪友，也不見客，關起門來發憤苦讀。他翻了幾十個書箱，找到了專講謀略的《太公陰符》。每天伏案攻讀，選擇其中重要的章節仔細揣摩。夜裡讀書困乏得打磕睡時，他就用錐子刺擊自己的大腿，以至血流淌到腳跟都不理會（所謂「懸梁刺股」中的「刺股」者，即指蘇秦）。一年後，他自以為已掌握了太公的全部智謀，十分自信地說：「這次一定能夠說服那些國君了。」

鑑於上次遊說秦王的失敗，他決定不在一棵樹上吊死，一改以往的遊說策略，由主張秦吞天下而改為向其它各國獻合縱抗秦之策。他先投趙國。當時正當趙肅侯在位，趙王的弟弟公子成為相，號稱秦陽君。蘇秦先去遊說秦陽君，但秦陽君不聽。蘇秦只好離開趙國，前去燕國。

初到燕國，他沒有機會見到燕文侯，於是廣交朋友，結識社會名流。經過一年多的時間，他終於得見燕文侯。他對燕文侯說：「貴國乃天府之地，沒有戰爭之患，人民也安居樂業，這樣和平的環境是中原哪個國家都比不上的。不過，大王可知道為什麼燕國沒有受到西方強秦的侵略？」

燕文侯坦誠地承認道：「寡人不知。」

「這是因為中間有一個趙國作為屏障，擋住了秦國。試想，秦國怎敢歷經幾千裡，越過趙國，攻打燕國呢？可是，趙國要打燕國，再容易不過。只要大王一聲令下，趙國幾十萬軍隊就會馬上渡過易水，不到四、五天，就可抵達燕國的都城。因此，鄙人希望大王能同趙王親善，燕、趙兩國結為一體，然後再聯絡中原各國諸侯共同抗秦，那麼，燕國就可以高枕無憂了。」

燕文侯聽後，高興地說：「先生的主意實在太好了。寡人知道吾國弱小，西面與趙國交界，南面與齊國交界，而齊、趙是兩個大國，您打算合縱而使吾國安寧，寡人願意任你為國相。」

蘇秦見文侯接受了自己的主張，心裡也非常高興，便毛遂自薦，試探道：「大王如果願意與趙王結盟，鄙人願去趙國遊說。」於是，燕文侯給他一些車馬和金銀絲帛，任命他為燕國使者，去跟趙國聯絡。

辭別了燕文侯，經過十幾天日夜兼程，蘇秦又來到了趙國。這時秦陽君已經故去，趙肅侯聽說燕國的使者到來，親自到郊外迎接，謙恭地向蘇秦請教。

蘇秦直接切入正題：「國家安定的根本，在於選擇盟友。當今列國紛爭，諸侯並立，盟友選擇得當，國家才能平安無事，人民才能安居樂業。否則，必然禍患無窮。大王，恕我直言，趙國現在的外交政策就不大妥當，不應該臣服於秦國。」

趙肅侯感嘆道：「秦國太強大了，吾國無力與之為敵呀！」

蘇秦回道：「僅靠趙國一國之力，當然無法戰勝秦國。臣仔細研究過，中原列國的土地比秦國大五倍，軍隊比秦國多十倍，諸國若能結成一個整體，合力向西攻打，必可打敗秦國。那些主張連橫的人都想要各國割讓自己的土地讓給秦國，以圖一時之安寧。他們似乎忘了，這樣做只會使秦國越來越強大，而中原各國被一一吞併的危險也就越來越大。所以，依臣之見，各國莫如運用合縱聯盟，統一步伐，合力抗秦。無論秦國攻打哪個國家，六國一起出兵討伐。這樣，孤立的秦國就一定不敢輕舉妄動，以致危害中原各國了。」

趙肅侯一聽，大為贊同。於是，他慷慨資助了蘇秦一百輛馬車、二萬兩黃金、一百雙玉璧、上千匹精美華麗的絲繡品，請他繼續去聯絡其它各國諸侯。

蘇秦辭別了趙肅侯，又先後拜見了韓宣王、魏襄王、齊宣王、楚威王，詳細說明了向秦國割地求和的危險和聯合抗秦的益處，使這四個君王也贊同他的合縱之策。至此，他完成了合縱聯盟的遊說。不久，六國諸侯在蘇秦安排下，於趙國的洹水開會，正式簽訂了合縱抗秦的盟約，並且公推蘇秦為「縱約長」，還把六國的相印都交給他。

蘇秦沒忘記報當年秦王輕蔑他之仇，派人將合縱盟約送了一份副本給秦王。好長時間，秦國的軍隊果然不再敢輕舉妄動。

10・善於使用背向之術的人

熟諳背向之術的人，能夠看透形勢，參透「天機」，從而審時度勢，背棄舊主，投向明主。這些聰明之人即使在敵對陣營做事，也實際上在為這位明主賣力。夏末的伊尹、商末的姜尚、秦末的韓信，都是這種厚黑人物。

夏王朝末年，夏桀履癸即位為天子。他自恃個人的武功，殘暴無比，並狂妄地以太陽自比，激起人民的普遍不滿。當時的童謠唱道：「那個太陽什麼時候才滅亡？我甘願與你同歸於盡！」這時，世居今商丘一帶的商人首領湯利用這種形勢，注重修德，爭取民心，並廣羅賢人。有一位賢人伊尹被他看中。伊尹原是有莘國（今河南陳留）的家臣。有莘氏嫁女，他以陪嫁奴隸之身，來到商部落。他藉機以「割烹」（做飯菜）為喻，向湯遊說取天下的良計，受到湯的賞識，任用他規劃滅夏大計。為了確切瞭解夏王朝的情況，伊尹曾兩次假意投靠夏桀，摸到了第一手資料。後來，夏桀見商族可怕，於是把湯召去，囚於夏台（位於今河南禹縣）。伊尹又打入夏王朝內部遊說，行使離間計，終使夏桀放回了湯，並說動夏桀的重臣費昌投商。其後，他輔佐商湯，先滅掉了夏的屬國韋、顧、昆吾。最後發動了鳴條戰役，迫使夏桀逃到南巢（今安徽壽縣南），不久死在那裡。商王朝建立。

湯後傳31世而至紂。紂王同夏桀一樣兇狠殘暴，不察民意，不恤民情，好酒淫樂，搜刮民財；又濫殺無辜，剖忠臣比干之心，流放賢臣微子啟。早在此前，姬周族已在西陲悄然興盛。其首領姬昌（即後來的周文王）爭取民心，廣羅賢才，得到一位賢士姜尚。姜尚曾幾次在殷為官，對殷王朝內部情況了若指掌。姬昌拜姜尚為軍師，共謀滅商大計。紂王感受到姬昌的威脅，也把他囚禁起來。姜尚打入殷王朝內部，鼓動唇舌，又求到美女、名馬，使殷紂王放掉了姬昌，並說服紂王封姬昌為西伯，為姬周族的兼併各諸侯打開了方便之門。姬昌死後，姜尚又輔佐其子姬發（即周武王）進行滅商的行動。而後抓準有利的時機，發動牧野大戰，一舉滅商。

伊尹和姜尚，都看透了天下形勢，民心向背，背昏君，向明主，明裡暗裡為賢主賣力，出謀劃策，用間遊說，輔助賢主爭得天下，成為歷史上賢人之典型。

戰國後期的縱橫策士也是這麼一批「背向」人物。但他們所「背」和所「向」的取捨標準再也不是「天意」民心，而是自己的榮華富貴。鬼谷先生教導學生，學習縱橫之術的目的是「耐（能）分人君之地」，即得到封地采邑，博得榮華富貴。究其原因，一方面是由於天命觀的破滅，「天意」不再是套在人們脖子上的枷鎖，另一方面則是由於人文思潮的興起，有能有才者追求自身價值的實現。

春秋時期，蔡國和息國同是弱國，一個臣服於楚，一個臣服於齊。蔡侯和息侯同娶陳侯之女，成為連襟。息侯夫人息媯生得豔麗無比，有絕世之貌，久為姐夫蔡侯垂涎。一次，息媯回陳國，路過蔡國，被蔡侯接進宮中，在避人處想動手動腳。息媯大驚，敬而遠之，匆匆離蔡回陳。歸途繞行，不敢過蔡國。回國見了丈夫，將蔡侯無理之舉告訴丈夫。息侯聞言大怒，於是「背」蔡侯，派使者去楚，挑唆楚王滅蔡。楚文王怕齊國出兵相救。息侯說：「我們國君說了，您若假意伐我國，我國向蔡國借兵，因我們兩國是盟國，又有親戚關係，蔡國必定出兵援救。等他們到達，我們突然與您的軍隊聯合起來，包圍他，讓他插翅難逃，必能大勝。」楚文王一聽，拍手叫絕，於是照計行事，發大兵攻息。息侯派特使去向蔡侯借兵，蔡侯果然親率大軍來救。抵達息國，安營未定，楚軍伏兵四起，直殺得蔡軍狼狽逃竄。蔡侯逃到息都城下，息侯閉門不納。楚兵緊追而來，直嚇得他落荒而逃，半路被楚兵俘虜。楚軍大勝，蔡侯方知中了息侯的「背向之計」，直恨得咬碎鋼牙。

楚文王回國，想把蔡侯生蒸了以祭太廟，經大臣力陳利害，才改變主意，放蔡侯回國。在餞行的宴席上，楚文王大張聲樂，指著樂女，自誇天下無比。蔡侯見機會來了，決定以其人之道還治其人之身，亦用「背向之術」懲治息侯。他笑了笑說：「大王之言差矣。若講天下無比，息侯夫人息嬀才可稱得起。」楚文王是個色鬼，聞言，急問息嬀之貌。蔡侯添油加醋地形容道：「眼似秋水，面似桃花，站似弱竹臨風，行如仙子淩雲。」楚文王聽得垂下涎水，怔忡地說：「若真有這等女子，見上一面，死亦無憾！」蔡侯出主意道：「這有何難！以大王大威，楚國之強，齊王的夫人也可弄到手，何況是一個屬國的呢？」

楚文王聽他說得有理，放走蔡侯之後，就藉狩獵為名到了息都。息侯出郊恭迎，設宴招待。席間，楚文王提出讓息嬀出來敬酒，息侯不敢不從。息嬀出場，果如蔡侯所說，當真國色天姿。楚文王下定了霸佔之心。第二天，楚文王回請息侯，席間索要息嬀。息侯不從。楚兵攻進息都，擄走息嬀，滅掉了息國。

息侯、蔡侯同施「背向之術」。息侯為一女子不顧大局，先「背」盟國蔡國而「向」楚，出賣蔡侯；蔡侯為報仇亦「背」息國而「向」楚國，終於使息侯家破國亡。這場連環套的「背向術」鬧劇就這樣結束了。

11・堅持之下，必有黃金

掘井之時，在未掘到水源之前，不管你挖得多深，終究是一口廢井。在敗績中行使厚黑，未反敗為勝之前，不管你行使了多久，終究不能算是勝利。厚黑精進之道，惟「堅韌」二字而已。

通常，由敗轉勝的契機就來自「再堅持一下」的努力之中。特殊情況要求特殊的毅力。一個武裝部隊的抵抗行動愈能堅韌不拔，其獲救或突圍的機會也就愈大。

100次被打倒而又101次站起來的人是可怕的，任何強勁的對手面對這樣的人，都會感到由衷地敬畏。

這是拳擊場上的真理，也是人生的厚黑真理！

一切由失敗走向勝利的戰爭，都在百折不撓的頑強奮鬥中發生。無論是改朝換代的戰爭，還是推翻舊制度、驅逐侵略者的戰爭，無一不證明了這一真理。

一位年輕人坐在哈德遜河岸邊，望著湍湍而去的流水，眼中湧出了淚花。他站起來，準備走向最後的歸宿。然而，當他稍帶留戀地回首一望，看到了一雙嚴厲又慈祥的眼睛——那是一位老人的眼睛。

「難道你自殺了，就對得起我嗎？」老人憤怒地質問。

年輕人心頭猛然一震：「是啊！自殺了，能對得起誰？」於是他停了下來。

這位想自殺的年輕人名叫尤金尼．杜爾奈，他後來成了擁有億萬資財的企業家。而那位老人則是在杜爾奈的命運中時常出現的「救星」，名叫貝克。

尤金尼．杜爾奈的少年時代是在貧窮和苦難中度過。11歲那年，他小學畢業，因家境貧寒，無法繼續讀書。父親送他到一家很小的電線被服加工廠去當一名童工。一天工作10多個小時，工資卻很低，還經常受到老闆的訓斥打罵。更不幸的是，半年後，警察的一次突擊檢查，發現他的年齡太小，因此認定老闆構成了虐待兒童罪，罰了款，他的工作也丟了。父親罵他不該讓警察看到，說他是個笨蛋。杜爾奈畢竟還是個孩子，他跑到警察那裡，哭得很傷心，央求警察賠他的工作。

那位警察是個富有同情心的人，想到自己的突檢雖然合法，卻讓這個可憐的孩子丟了飯碗，感到有點於心不忍。於是，他介紹杜爾奈到無線電傳習所去當學徒。他還說了一句讓杜爾奈終身受益的話：「不要只做一個專靠勞力吃飯的人，要盡可能動用你的腦筋。勞力終究有限，腦力卻是無窮的。」

從此，杜爾奈成了一名業餘無線電收發員。雖然有了工作，卻也僅僅是混口飯吃。不過，為了當一名正式的無線電收發員，他除了吃苦耐勞，認真學習技術之外，還幹其它一些雜活，如擦皮鞋、背機器等等。五年後，他終於如願以償，被一家航運公司聘用，在一艘運香蕉的船上擔任通訊員。

這時候，他遇上了好心但又性情暴躁的貝克。貝克是這家航運公司地面電臺的台長。杜爾奈必須先在貝克身邊實習合格才能正式上任。起先，貝克對杜爾奈十分粗暴，動輒喝斥。直到有一次，他喝醉了酒，倒在碼頭的污水裡，杜爾奈將他背回家中細心照料，才使他改變了態度。後來。他們成了好朋友。貝克力保杜爾奈升為正式通訊員。

可是，杜爾奈發現自己根本不能適應這個夢寐以求的工作。他在船上時，總是擔驚受怕。

好心的台長理解這個年輕人，托人在華爾街證券交易所為他謀了個位子，工作內容是將股票行情用電報傳送到全美各地，並將外地的行情抄收下來，交給紐約交易所。

進了股票交易所，杜爾奈對這一行興趣日增。可他手頭僅有一百美元。他將自己的想法告訴一位股票經紀人，那人答應幫忙。後來，他又跟貝克商量，貝克也表示贊同，並借給他自己多年積攢的二千美元。杜爾奈將所有的錢都投入了股票市場。頭幾個月還頗有收穫，可突然來了一場經濟危機，整個股票市場陷於癱瘓，他的錢打了水漂兒。

走投無路的杜爾奈來到哈德遜河邊。幸好貝克及時趕到，才挽救了他的性命。老貝克又罵他又鼓勵他，說自己的錢什麼時候還都行，沒有期限。杜爾奈聽了，感激涕零，決心從頭幹起。他去當船員，做漁夫，當裝卸工，掙點錢糊口度日。就在這段最艱難的日子，他與蓓姬小姐相識相愛並結了婚。

由於整個經濟都處於困難時期，新婚並沒有給杜爾奈帶來事業上的好運，夫婦倆仍然為生計辛苦奔波。除了做廣告公司的油漆招牌，還替人漆牆壁、擦地板、掃房子，凡是能掙點錢的活都幹。這時，貝克也失了業。杜爾奈忘不了這位因自己而陷入貧困的老朋友。

接著，杜爾奈終於進入後來讓他飛黃騰達的事業：推銷電纜線的號牌與名牌。但起步之初，仍然挫折不斷。他的性格不太適合於推銷，因為他不願意低三下四地求人說好話。這一點，蓓姬看得很清楚。她後來說，在他們談戀愛的時候，杜爾奈為了爭口氣，寧肯不要幸福，自己折磨自己，也不肯低聲說句好話。這對搞推銷來說，是極大的障礙。杜爾奈遇到幾次難看的臉色，碰了幾次釘子，就不想幹了。

這時，貝克來訪。蓓姬請他開導開導杜爾奈。沒想到貝克卻怒氣沖沖地罵起來：「他根本就不夠推銷員的資格！事實上，他做任何事都不行！」把杜爾奈說得一無是處，罵他天生沒出息，永遠也成不了大氣候。

貝克的一番話深深刺激了杜爾奈，他感到憤怒又覺得貝克罵得有理。蓓姬乘勢好言相勸：「你不要認為對人說好話，就是降低了自己的人格，其實這就是搞推銷的一種武器。」

貝克的激將法，妻子的知心話，終於使杜爾奈認識了自己的錯誤，決心好好練習推銷術，在這一行幹出點名堂。

他想通了，命運卻來捉弄他。有一次，小偷偷了他的錢包。杜爾奈身無分文，不得不冒雨步行回家。又累又餓的結果，使他病倒了。杜爾奈在病中始終思考著如何才能擺脫困境。病好之後，他買來一個穿衣鏡，掛在自己的小書房裡，每天起床後的第一件事就是對鏡練習表情。

他一個人演兩個人的角色，一會兒大聲喝斥，一會兒低聲懇談。他還讓妻子扮成各種刁鑽的顧客，訓練自己的應付能力。經過半年的苦練，他的推銷技術有了很大的進步，終於做成了一筆價值三千美元的生意。

業務上有了起色，經濟條件也隨之好轉。杜爾奈沒忘記老朋友貝克，準備還他錢。突然，他收到一封信，是貝克從醫院的病床上發出的。信中寫道：「我不否認，我幫過你很多忙，但幫忙最大的一次是我故意羞辱、刺傷你。我不怕你對我產生誤會，只要能激起你奮發向上的力量，我就心滿意足了。」

杜爾奈和蓓姬急忙前去探望他，可貝克已經是在彌留之際了，他沒有說出一句話，就永遠閉上了眼睛。

貝克的死，對杜爾奈的打擊異常沈重，他的精神差點垮了。就在這時，製造電纜線號牌的廠家又聲稱要收回他的銷售業務。

面對雙重打擊，杜爾奈反倒鎮靜下來，決定自辦工廠。

他買下一家只有五、六個工人的電纜線號牌製造廠，開始創業。但是，同行競爭相當激烈，大廠實現了自動化，小廠無法與之抗衡。雖然4台機器沒日沒夜地連軸轉，但半年過後，他的小廠還是出現虧空。

杜爾奈又一次陷入絕境。他向工人們宣布：「從今天起，我們停工了，但工資照發。請大家不要離開工廠，把智慧貢獻出來。」說完，他給員工們送上了紙和筆。這一招還真靈，一位小學徒提出：「應當改變電纜線號牌的材料，降低成本。」杜爾奈茅塞頓開，立即著手　製新材料。以前，電纜線號牌都是鋁製的，價格比較貴，如能找到便宜的材料，就能實現突破。

經過反覆試製，一種紙質電纜線號牌終於問世了，它的價格比鋁質的便宜三分之二，很快獲得了專利權。五年後，杜爾奈的個人財產就超過一億美元，從此躋身於社會名流之列。

12．用失敗磨練進取心

想成就一番事業的人，不可能都一帆風順。你要登山看真正的美景，就必須攀崖走壁；你要源頭探寶，就必須急流泛舟。誰不嚮往成功？可通往成功的道路險象環生。誰也不敢擔保，他不會一敗再敗，甚至一敗塗地。不過，面對失敗，有兩種人：一種人心灰意冷，一蹶不振，讓失敗摧毀了意志，從而陷入永久性的失敗；另一種人則愈挫愈奮，百折不回，抱定「頭可斷，志不可屈」的決心，昂首衝向目標。後者，人稱俊傑。

羅曼．羅蘭這樣說：「失敗，它挑出一批批心靈，把純潔和強壯的放在一邊，使它們變得更純潔、更強壯；但它也能加速其餘心靈的墮落，或是折斷它們飛躍的翅膀。」

一個人想反敗為勝，獲得最終的成功，不可缺少堅韌不拔的精神。而在刀光劍影、血雨腥風的戰場上，想奪取最後的勝利，尤其需要的，也是這種精神！

卡耐基經說過，有兩種人絕不可能成大器：一種是除非別人要他做，否則絕不主動做事的人；另一種人則是即使別人要他做，也做不好事情的人。那些不需要別人催促，就主動去做應做的事，而且不會半途而廢的人必將成功，因為他們懂得要求自己多付出一點點，做得比別人預期的更多。

個人進取心，是你實現目標不可少的要素，它會使你進步，使你受到注意，而且會給你帶來機會。個人進取心具有強烈的感染性。具有堅強的個人進取心之人可作為許多人日常生活中的模範。個人進取心能成就他人無法成就的工作，激發工作的熱誠。

一旦你的事業陷入困境，就得靠個人的進取心使自己脫困。如果你能把握住任何發揮個人進取心的機會——尤其在你犯了愚蠢的錯誤時——它必會為你和你周圍的人帶來利益。

具有個人進取心的人能為自己創造廣闊的事業前景。如果你擁有了個人進取心，你會不斷探索，為自己製造許多機會。若將個人進取心應用到工作上，你可以創造奇蹟。

一旦你訂出明確的目標，就是你開始運用你個人進取心，執行你的計畫，組織你的智囊團之時了。你可能發現，在執行計畫的過程中，你的目標已發生了一些變化。但最重要的是：「馬上展開」你的計畫。

開始一項不甚完全的計畫，總比拖延行動好得多。「拖延」是發揮個人進取心的大敵。如果一開始你就讓拖延變成一種習慣，它必將蔓延到日後你的每一項行動之中。

盡一切努力使你的計畫付諸實現，並從錯誤中學習。

別理會那些說你的行動是自毀前程的人。如果你需要建議，就請教一些專家的意見吧！你從同事或朋友那裡得到的「免費建議」將和你所付出的代價一樣：什麼也沒有。

別讓外在力量影響你的行動。雖然你總要對他人的驚訝和你所面對的競爭做出反應，但你更須每天以你的既定計畫為基礎，向前邁進。用你對成功的想像滋養你的強烈欲望，讓你的欲望熱情燃燒，最好能燒到你的屁股，隨時提醒你不可在應該起而行動時，還在糊里糊塗地等仍然坐待機會。每當你完成一件工作，就應做一番反省，這是你所能取得的最好成績嗎？如何能做得更好？何不現在就使自己更進一步？是否能夠發揮個人進取心，視你對於每次機會的覺醒程度，以及你是否能在發現機會時立即行動而定。

很明顯，個人進取心是一種要求甚多的特質，它的實踐需要許多心理資源作為後盾。當你的進取心處於低潮，不妨求助於可在其它所有成功的原則中注入新生命力，並使它們再度發揮作用的一項原理——積極心態。

第三章

沒有機會，就要自己去創造機會

I・學會為自己創造機遇

機遇對於渴望成功的人來說，是閃電般稍縱即逝而又難以捉摸的東西。現實生活中，我們也經常看到，許多人深感　才不遇，於是在消極等待中哀嘆功成名就的終南捷徑與自己無緣。其實，機遇雖然很吝嗇，但它很垂青於智慧、勇敢和堅韌不拔的人。歷史上的許多傑出人物就是在一次次的磨難與打擊下，逐漸學會判斷、把握和創造機遇。

人生中許多機會都由自己創造。如果一個人既會利用外界的機會，又能自己創造機會，那麼反敗為勝的可能性就會大增，而且成功的程度越高。

晚清名商胡雪巖的所作所為，對後人很有啟發：他曾傾盡家財幫助冗吏王有齡，為自己創造了一個機會，儘管他當時未曾預料這個機會能帶給他巨大的利益。他後來充分利用了這個機會，想方設法擴大自己的事業，壯大自己的勢力，終於成

為江、浙一帶的大富商。

胡雪巖明白，權與錢可以結合。他自己沒有當官，但他通過當官的王有齡獲得了巨利；王有齡借助他的錢，得了官位，也獲得了利益。

「世間的道理很簡單，只要想方設法，總能達到目標。」

後來，王有齡過世，胡雪巖苦悶了一陣。但他沒有感到絕望，他用那雙犀利的商人之眼搜尋著新的合作者。他很清楚，機會終究會有的。在無路可走時，更應奮起；在別無選擇的情況下，一定會有所選擇。有路可走時，應該奮力向前；無路可走時，應該找一條路。人生本來是沒有意義的，赤條條來，赤條條去，但一個人的努力、奮鬥以及他的幻想、希望，可以使本來沒有意義的人生變得有意義。

終於，機會又降臨到他的頭上。胡雪巖知道，湘軍不同於清政府的正規部隊。清政府的八旗兵、綠營兵都由政府編練，遇有戰事，由清政府命將率領出征，戰事一完，軍權繳回。湘軍卻不然，其士兵是由各哨官親自選募，哨官是由營官親自選募，而營官又都是曾國藩的親朋好友、同鄉、同學、門生等。湘軍實際上是「兵為將有」，只服從於曾國藩兄弟，具有強烈的個人隸屬關係，清政府難以直接調遣。另外，他也知道，湘軍因轉戰各地，給養困難。

他心中盤算：「戰亂的時候，更需要投靠一位鐵腕人物，才能保住生命，保住生意。也許我可以如當年助王有齡那樣，用我的銀子換取左宗棠的信任。」於是他到湘軍軍營中求見新任浙江巡撫的左宗棠。

左宗棠是湖南湘陰人，舉人出身，很有才華，敢作敢為，對人很熱情，具有湖南人的務實精神。

左宗棠接見了胡雪巖，胡雪巖把自己的銀子拿出一部分，為左宗棠的湘軍籌辦糧餉和購買一部分軍火。左宗棠對胡雪巖有了初步的好感。胡雪巖趁熱打鐵，結交左宗棠的幕僚和近侍，局面慢慢打開，左宗棠更加信任他，特允他走私軍火。

他靠走私軍火和倒賣其它物資，又發了一筆數目可觀的財。

一八六四年，曾國藩率湘軍攻陷天京，太平天國失敗。但太平軍餘部仍繼續艱苦奮戰。清政府任命左宗棠為欽差大臣，赴閩鎮壓太平軍餘部。一八六五年，清軍攻破漳州，太平軍潰敗。

一八六六年，左宗棠到福州創辦福州船政局，胡雪巖參與其事。一八六八年，左宗棠奉清政府命令，統率直隸境內各軍向西鎮壓捻軍。胡雪巖又籌集銀兩相幫。

左宗棠致力於洋務運動，發展民用工業。但他沒有錢。胡雪巖向洋商借來鉅款，協助此事。左宗棠藉此得以先後設立蘭州機器局和蘭州織呢局。左宗棠此時已是封疆大臣，握有重權。他並沒有忘記胡雪巖對他的幫助，便向清政府極力保薦。

清朝皇帝見到左宗棠舉薦胡雪巖的奏章，便授他二品官銜，特許在紫禁城騎馬。於是，胡雪巖成為清代惟一的「紅頂商人」，達到了他的鼎盛期，在權與利方面都得到極大的滿足。

縱觀胡雪巖的發跡過程，可以看出他的成功除了有賴於他的奇才大智，更跟他洞悉世故人情，會投人所好，並善於創造和利用時機的處世謀略分不開。胡雪巖在為官並經商的生涯中，善於把握外部世界，同時加深自我瞭解，洞悉了世故人情的要害，從而採取一切手段，為自己建立起理想的生活，借助於他人之力青雲直上。這正是他叱吒官場和商場的處世技巧。

每一個想成功的人都應該記住，不僅要善於等待機遇，更要善於主動去創造機遇。要抓住機遇，就要善於與人相處和交流。英國作家蕭伯納說：「兩個人交流思想和兩個人交換蘋果不一樣。交換蘋果，每個人手上只有一個蘋果；交流思想，每個人同時有兩個思想。」一旦你懂得這個道理，學會與人相處和交流，博採眾家之長，就具備了得到機遇的一個非常好的素質。

2．形勢越亂，越須沈著以待

劉伯溫給人的印象與神機妙算的諸葛亮有幾分相像，帶著幾分神祕感，似乎身懷未卜先知的異能。摒去後人的誇大附會，這種形象的樹立與劉伯溫超人的智謀和他能識別變局，抓住機會有關。他對形勢把握準確，故能料敵於機先；他機動靈活，經常及時調整戰略，故又能搶得先機。人要機變，首先必須具備的素質是機動靈活、心明眼亮，不能呆板遲鈍、一成不變。臨到機會時，聚精會神，才能心中生出巧思妙算。

陳友諒率大軍攻陷太平之後，一路旌帆蔽日，順江而下，兵臨應天城下。他還派使節往見張士誠，約他從背後夾擊應天（南京）。此時他的水軍氣勢正盛。朱元璋麾下許多將領都心存畏懼，有人建議投降，有人建議放棄應天，堅守城東的鍾山。在戰前會商中，只有劉伯溫不說話。朱元璋把他請入內室，問他的意見。這對劉伯溫既是個考驗，又是個機遇。大敵當前，如果臨陣慌亂，自會為朱元璋所不恥；反之，若真能拿出有效的退敵良策，他在朱元璋心中的分量就會大大加重。於是，他嚴詞厲色地說：「主張投降和主張逃跑的，應該殺掉！」

劉伯溫不是盲目標榜，也不是充大膽。他在紛亂惡化的局勢面前能冷靜分析，發現敵人的弱點和己方的優勢。所以，他首先宣示拼死抗擊的決心，喝退主降的人。大敵當前，兵刃未接，先議投降，敗壞士氣，就喪失掉在惡局中獲勝的可能了。他所提「主降及奔者，可斬也」的議論，起了平息喧氛，穩定軍心的作用。其次，他指出了敵人的弱點，提出了拒敵的軍事策略：敵人士氣驕躁，遠來疲勞，我方正可利用這些，以逸待勞，誘敵深入，設伏而圍殲敵人。再次，他根據己方人心團結的優勢，提出了拒敵的政治策略：打開府庫，賞賜將士，賑濟貧民，宣布至誠，以結人心，讓部下拼死效力。看這條條清晰準確的分析，正像當年的赤壁周郎，又像舌戰群儒的諸葛亮，沈著應對，條理分明，充分展示了自己的智謀。

臨變不亂是識機的先決條件，而機會一出現，要抓住它，就必須決策果斷，不能拖泥帶水，當斷不斷。

龍灣之戰打敗陳友諒後，朱元璋準備了一年，開始對敗逃回去的陳友諒發起主動攻擊。至正二十一年（一三六一）八月，朱元璋西征，雙方在安慶展開了惡戰。

陳友諒的守城部隊堅壁不出，死命抵抗。從早打到晚，毫無進展，雙方死傷慘重。

劉伯溫告訴朱元璋，陳友諒的後備力量很強大，下游的張士誠隨時可能抄襲後路，數萬軍隊困在這裡，戰事久拖不決，極容易陷入腹背受敵的險境。只有速戰速決，才能使陳友諒震驚，張士誠膽寒，克敵制勝。他建議立即放棄攻城，以陸軍偏師圍城作為疑兵，大部水師急駛而上，直搗陳友諒老巢江州（九江）。

朱元璋依計而行。大軍壓境，陳友諒的沿江小股布防崩潰。

朱軍水師以迅雷不及掩耳之勢，進抵江州城下。陳友諒做夢也沒想到對手會從天而降，攜妻子連夜逃奔武昌。江州是陳漢政權的都城，此地一失，江西全境震動，後方的安慶也不攻自破了。

不出劉伯溫所料，張士誠一得知朱元璋西進的消息，幾經猶豫，終於派出了十萬部隊，水陸並進，攻打太湖西岸通向應天的要塞長興。長興城中守卒不過七千，情況十分危急。但是，劉伯溫與朱元璋運兵的神速、決策的果斷，更顯出張士誠部署的拖泥帶水，待他的部隊壓向長興，朱元璋早已在西線奏凱。張士誠打算好的夾擊之勢現在成了正面迎敵，只好趕快撤軍。

劉伯溫生前就被視為一個神祕莫測的人物。他預料之事大多應驗，時人認為他能知曉天機。這正是朱元璋之所需，他要百姓相信他的政權就代表天意。劉伯溫的存在正可為他烘托氣氛。

劉伯溫的預言大體分為三類：一類是長遠預測，帶有戰略意義，屬於謀略範疇。他對陳友諒、張士誠戰略的預測和決策屬於這種。第二類是防範性預測，指出某個時段存在危險、禍端的可能。這是在對局勢進行總體把握和感悟的基礎上做出的模糊預測。人們常常記起預言得到證實而篩去不準確的部分。還有一種是短期行為和事變之預測。

據說，劉伯溫在鄱陽湖大戰中忽然預知情況不對，拉著朱元璋換船。不久，朱元璋原來的座船被擊沈。不過，在種種短期預測中，劉伯溫的話一般都很含混。身為一個機變的人，他深知，無論政權還是他自己，都需要維持他的神祕性，所以他在預測時也常常隨機應變。因為越是隨機、模糊，就越容易營就神祕氣氛。

3．機會是無法儲存的

當斷不斷，必留後患。機遇是難得的。有了機遇，看準了以後，不要猶豫不決，應立下決心。有時候，錯誤的決定也比猶豫不決好上千百倍。

成功者必有智謀。他們不會悶頭拉車，更不可能放過任何有助於成功的機會。他們尋找機會、把握機會、利用機會的才能隨著歲月的增長而提高，猶如東風催動著他們前行的腳步。

機遇是一個美麗而性情古怪的天使，她偶然降臨在你身邊；你稍有不慎，她又將悄然離你而去。不管你如何扼腕嘆息，她可能從此杳無音信，不再復返。

機會不像鈔票，是無法儲存的，但它比鈔票更珍貴。

在商業活動中，時機的把握完全可以決定你是不是有所建樹。請抓住每一個成功的機會，哪怕那種機會只有萬分之一。

「通往失敗的路上，到處是錯失的機會。坐待幸運從前門進來的人，往往忽略

了從後門走過來的機會。」——這是一句在當今美國流傳得十分廣泛的諺語，你或許能從中受到一些啟示。

當運氣來臨，你應該發揮你的聰明與智慧，好好地利用你的運氣。從這個意義上講，運氣實際上就是抓住機會的同義語。

現實中，有許多人總是抱怨：我之所以一事無成，就因為一直沒能找到機會。只要有了好機會，我也會為成功而一搏的。實際上，機會處處有，只看你是不是抓得住。另一方面，雖說機會無處不在，但它不會在那裡靜靜地等你。

日本麥當勞總裁藤田田針對日本的國情，採取了相應的對策。他根據日人具有排外情緒的心理特點提出，日本的麥當勞，從老闆到員工，必須百分之百日本化，使顧客從外表看不出麥當勞產品是進口的美國貨。一九七一年，目光深遠的克羅克同意了藤田的方案，與他簽訂了合作協定，美日雙方各出資一半。

事實證明，克羅克確實具有遠見和高超的識才之眼。藤田田以富於戲劇性的行銷手段，展開宣傳攻勢，使麥當勞在一夜間便名揚全日本。當年，東京銀座麥當勞分店如期開業，第一天的營業額就高達就六千美元，打破了麥當勞一天營業額的世界紀錄。接著，短短18個月，藤田在日本神速地開辦了19家麥當勞分店。麥當勞在日本一舉成功，成為日本最大的速食連鎖店，年營業額達6億美元。

在認真總結了日本的成功經驗後，克羅克便以一個與日本相同的模式，在全球開發市場：找一個合夥人，給予他相當的股份和自主權，讓他自由發揮。

就這樣，一座座麥當勞店變戲法似地在世界各國落地生根。它們在不同的國家，針對不同的市場文化，採用了不同的促銷手段，但使用著同一套標準的營運系統。20世紀80年代初，麥當勞已在世界33個國家和地區建立了六千多家分店。僅一九八五年一年就發展海外分店五九七家，平均15個小時就開一家店。

從上面克羅克的成功經驗中，不難理解把握機遇的重要性。

但是，機遇並不是單純的幸運，它總是潛藏於普通的現象背後，被表面現象所掩蓋，具有隱祕性。所以，一般人不容易覺察到它的存在。

只有那些精明的人才能透過現象，看到本質，抓住被人們所忽略的潛在機遇。

機遇的另一個特性是具有顯而易見的暫態性。機遇一旦出現，就萬萬不能拖延、觀望、猶豫，必須當機立斷，不然就會失之交臂了。

4・善於利用機會的人，才是高手

在機會上優中選優，也是另一番情趣的厚黑智謀。

左宗棠出山可謂一波三折，幾乎每次都是做足了秀。按理說，有這麼好的機會，應當趕緊抓住，千萬不能失去。左宗棠卻不然。他需要機會，但他更懂得什麼是真正最好的機會。如果抓錯了機會，就會像排錯隊一樣後悔莫及。所以，他每次出山，都要做夠政治秀。

太平軍撤離長沙之後，左宗棠便與張亮基密謀鎮壓湖南的各路會黨勢力。他們首先拿「征義堂」開刀。「征義堂」設在瀏陽東鄉，聚眾達四千餘人。咸豐三年（一八五三）一月二十日，知府江忠源領兵前往進攻。左宗棠要他到瀏陽之後，先張貼告示：「不問是不是『征義堂』的人，只問為匪與不為匪。」採取分化瓦解的攻心政策。軍事上，左宗棠對江忠源強調一個「快」字，要他進兵神速，以快制勝。果然，江忠源只用了12天時間，就血洗了「征義堂」，殺了七百多人，解散數千人。

二月中旬，左宗棠隨新升署理湖廣總督張亮基離開長沙，前往武昌。10天後，他們的船行抵武昌城下。走進城門，首先映入他們眼簾的是一片瓦礫和廢墟。居民們一個個神色慌張。進駐湖廣總督府後，左宗棠一面協助張亮基出告示安民，一面清理湖北駐防官兵，修整武昌的城防工事。他這時已經完全得到張亮基的寵信，事無巨細，皆由他一手操辦，不但能夠決斷軍務，就是各州縣官的政務報告也由他批答，日夜忙個不停。

七月，太平軍佔領江蘇金陵，立為首都，改名天京。其後，派遣西征部隊逼攻江西，湖北的形勢再度緊張起來。左宗棠與張亮基一道來到黃州，設防田家鎮，試圖守住湖北的東大門，防止太平軍由江西溯長江進入湖北。九月，太平軍佔領江西九江，繼續西進。左宗棠敦促張亮基急忙調兵遣將，進一步加強田家鎮的防守。清軍在田家鎮編造巨筏，橫列長江江面，筏上安置大炮，分派部隊日夜駐守。

清廷對人事做了新的安排，於九月下旬諭令張亮基調任山東巡撫，由原閩浙總督吳文容接任湖廣總督。張亮基走了，左宗棠回到湘陰。

新任湖南巡撫駱秉章得知左宗棠又回到湖南老家，幾次派人送書信和路費請他出山，左宗棠都沒有答應。

駱秉章沒有得到左宗棠，於心不甘，不久又生出一計。他知道左宗棠對女婿陶恍最疼愛，便發請柬請陶恍到巡撫衙門作客，趁機將他留住後花園，不讓出門。同時，又派人在外揚言，說巡撫「勒使公子捐資巨萬，以助軍餉，否則將加侵辱。」

左宗棠聞訊後大驚，急忙趕來撫署請見。駱秉章一聽大喜，倒穿著鞋出來迎接，表示尊重，親自陪左宗棠來到後花園。左宗棠見愛婿無恙，後花園中棟宇輝煌，供張極盛，如禮上賓，這才知是駱秉章請他出山的苦心，為其誠意所動，終應允出佐戎幕。駱秉章見左宗棠首肯，便向陶恍道歉，並以儀仗送回。

來到長沙，他一時與駱秉章配合並不默契，不免發生芥蒂。但他的辦事能力越來越令駱秉章佩服，他肯辦事的熱情也讓駱秉章漸漸放心。大約經過一年後，駱秉章便已對他言聽計從。再往後，駱秉意乾脆當上了甩手掌櫃，左宗棠則成了不是巡撫的巡撫。他甚至可以不經批准，便以湖南巡撫的名義給皇帝上奏。

據說有一天，駱秉章聽見轅門外發出號炮聲，便問是怎麼回事。有人告訴他，是左師爺拜發奏摺了。駱秉章不以為怪，只是讓人把奏稿拿來看看。當時湖南人給左宗棠取了個雅號，很幽默地稱他「左副都御史」。因為駱秉章身為巡撫，其官銜亦不過是右副都御史，按照舊的排名順序，「左」比「右」略低一級。

左宗棠給駱秉章當了六年幕僚，主要任務是對抗太平軍。

湖南地處長江中游，與大平天國的軍政中心天京有三省之隔，一般情況下，不會成為與太平軍作戰的主戰場。但這時湘軍正轉戰於江西、湖北、安徽，湖南的穩定，對支援湘軍、穩定軍心十分重要。

身為湖南巡撫的軍師，左宗棠對湖南的戰略地位有清醒的認識，並制定出一套很得體的對抗太平軍的戰略方針。這套方針的核心就是以攻為守，積極組織出省作戰，拒太平軍於湖南省境之外。萬一太平軍進入湖南，也以積極的進攻迫其撤出。

左宗棠制定這套方針，首先是替湖南的地方利益著想，同時它也有利於清政府對太平軍作戰的大局。牢牢控制住湖南，也就穩住了湘軍的後方戰略基地，對於主戰場戰局的發展非常重要。

5・勝利中的敵人，往往最不堪一擊

三國時期，韜略受到各方面的高度重視，往往兩個對抗的集團均有高層次、高水準的韜略家在運籌帷幄，出謀劃策。這樣一來，使用常規的韜略便不容易取得明顯的效果。韜略家在不違背常規韜略的前提下，積極探索，創立了許許多多韜略變體。正是這一點，構成三國時期韜略理論上的特點。

無論是使用常法抑或變法，均不是目的，決定常變手段的是實際情況，「見機而作，不俟終日。」「見可而進，知難而退。」「合於利而動，不合於利而止。」能夠因敵之變化而取得勝利，就可以說是達到神妙的境界。人們將良將用兵比作良醫療病：病萬變，藥亦萬變；病變而藥不變，就無法治癒疾病。

三國時代，謀臣運用韜略，打破常規，從理論上概括，其變化方式大致如下：

一、是識機制變。即依自身所具有的真知灼見，洞察事物、事態，制定對策，變換方針。這類韜略原則有因機制變、因機而起、伺機而發、隨機應變、因機立勝。能在大的歷史轉折關頭識機見勢，隨之而動，變換策略、主客、敵我、利弊，就能營造大的前途和命運。也正因為如此，三國時代的韜略家以他們才識的高超而受到各大集團的歡迎。

二、是因時制宜，因地制宜。即根據形勢、條件、環境、情況的異同制定方針，變換對策。運用此類變化方式的範例，在三國時代俯拾皆是。

三、是根據處境、形態、價值、功能、目的等綜合運用韜略，產生令人高深莫測的變化。三國韜略理論對於變的綜合運用，有了一個長足的發展。三國時代改變了秦漢以來兩大集團對抗的格局，使形勢走向三極競爭，這本身也是綜合運用韜略的結果。

孫子兵法說：「水因地而制流，兵因敵而制勝……能因敵變化而勝者，謂之神。」三國韜略家正是以此為最高境界，在實踐中形成了常變韜略的豐富內涵。

《三國演義》中寫了一個賈詡智勝曹軍的故事。賈詡是南陽張繡的謀士。有一次，張繡聯合劉表，與曹操交兵，結果被打得大敗。正在危難之時，傳言袁紹準備起兵攻打曹操的後方。曹操聽到這一消息後大驚失色，連忙撤軍回援。

張繡得知曹軍撤退，就想下令追擊。賈詡勸道：「不能追擊。如果追擊，必然

失敗。」劉表不以為然：「現在不追，只能是坐失良機。」他堅決要求張繡追擊。張繡聽信了劉表的話，兩人一起率領一萬多人追趕。追了10多里地，終於趕上曹軍的後隊。沒想到，曹軍主動迎戰，打得張、劉兩軍大敗而歸。

張繡見了賈詡，非常慚愧地說：「不聽先生的勸告，果然損兵折將。」

「為了挽回損失，主公可再次領兵追擊。」這時，賈詡卻胸有成竹地回答。

張繡和劉表聽後大吃一驚，幾乎是異口同聲地急問道：「現在已經失敗，怎麼還能追擊？」

「我用腦袋擔保，這次追擊，必定大獲全勝。」賈詡的語氣十分肯定。張繡信了，劉表卻疑慮重重，不敢再次前往。於是，張繡率領自己的部隊第二次出擊。不出所料，這一次張繡大勝而回。曹軍被打得四散而逃，軍馬輜重丟了一路。

這個故事雖然對賈詡的神機妙算做了一定的渲染，卻不是憑空捏造。賈詡的準確預言是有根有據的。

為什麼第一次張、劉以精兵追擊，賈詡說追之必敗，而第二次張繡以敗兵追擊，賈詡卻說追之必勝？

對此，賈詡本人有一段精彩的解釋：「張將軍雖然善於用兵，但不是曹操的對手。曹操打了勝仗而引兵撤退，只是因為有後顧之憂，其軍隊的秩序不會混亂。而且督軍撤退，必然用善戰的將領斷後，以防追擊。因此，我斷定第一次追擊必敗無疑。後來，曹軍打敗了追兵，必定輕裝前進，不復戒備。此時，我乘其不備而攻之，就必然能奪取勝利了。」看來，勝利的敵人往往最不堪一擊。

不過，聽聽賈詡的分析，不能不叫人折服。可想而知，沒有處變不驚的冷靜頭腦，不可能有如此高見。

張、劉的軍隊為曹操所敗，賈詡沒有失去冷靜，因此，當曹軍撤退而突然出現轉機時，他仍然能對敵將己將、敵情己情做一番深入的思考。他知道曹操精通兵法，曹軍撤退，必有強將斷後，貿然追之，難免一敗。而當張、劉不聽勸阻，果然大敗而歸，賈詡面對新的失敗，還是保持了冷靜，因而他能於不利中發現有利的因素，建議乘敵不備，再行追擊，結果反敗為勝。

與賈詡相反，張、劉二人則在起先的失敗中失去了冷靜，因而當轉機一到，就大喜過望，不分青紅皂白地追擊，招致了又一次失敗。好像是惡性循環，這次失敗使他們更加不能冷靜地分析利弊，因而也就看不出自己的敗兵敗卒居然還有回天之力。這都是因為他們厚黑的修行遠遠不夠。

6・「速度」能創造奇蹟

機遇到來時，變化要越快越好，因為處置迅速，敵人還無法防備，一定能勝利。一般人都習慣於按照常規考慮問題，這其實是非常危險的。司馬懿擒孟達，就是一個極好的戰例。孟達敗就敗在不知道事情總在變化這一點上。

孟達原是蜀漢房陵郡守將，於黃初元年（二二〇年）降魏。曹丕對他非常欣賞，任他為新城太守，屯駐上庸。曹丕死後，孟達在朝中失去靠山，心不自安。諸葛亮趁機對他進行策反。太和元年（二二七），孟達起兵叛魏，準備配合蜀軍，進攻洛陽。

孟達的叛變，影響到蜀、魏雙方的整個大局。

當時，諸葛亮正率兵進行第一次北伐，得到孟達的配合，就可兩路進軍，形成鉗形攻勢：諸葛亮攻祁山，取長安，孟達襲洛陽。這樣，曹魏的形勢就非常險惡了！

面對這種不利之局，鎮守宛城的司馬懿迅速做出反應，搶在孟達尚未行動之前，以迅雷不及掩耳之勢，神速進兵，包圍上庸，平息了叛亂。他用兵的謀略就是「攻其無備」這四個字。

諸葛亮得知孟達起兵後，專門修書一封，告誡孟達要警惕司馬懿。信中說：「近聞曹睿復詔司馬懿起宛、洛之兵，若聞公舉事，必先至矣。須萬全提防，勿視為等閒也。」

孟達覽畢，笑道：「人言孔明心多，今觀此事可知也。」回信中竟說：「竊謂司馬懿之事，不必懼也。宛城離洛陽約八百里，至新城一千二百裡。若司馬懿聞達舉事，須表奏魏主，往復一月間事，達城池已固，諸將與三軍皆在深險之地，司馬懿即來，達何懼哉？」

孟達是按常規考慮事情：當時司馬懿身在宛城，不在朝中，要採取這樣重大的軍事行動，必須寫表奏明天子，經過批准，才可行事；宛城到洛陽八百里，公文往返，需要時間；從宛城到新城一千二百里，行軍又需要時間。所以，等司馬懿率兵到達上庸，已過去一個多月，我方城池已加固，還怕他幹什麼。

但司馬懿是從攻其無備的角度考慮問題。他聽說孟達反叛了，就立即命令軍隊出發。當司馬懿率軍出發，其子司馬師說：「父親可急寫表申奏天子。」司馬懿道：「若等聖旨，往復一月之間，就來不及了。」當即傳令人馬起程，一日要行二日之路，如遲立斬。

就這樣，司馬懿率軍倍道兼程，每天行一百五十里路，只用了八天，便如神兵天降，包圍了上庸城。孟達大吃一驚，仰天長嘆：「吾舉事八日，而兵至城下，何其神速也！」閉城堅守。司馬懿令部隊八部並進，日夜急攻，又用了十六天，便攻克上庸，擒殺孟達，平息了叛亂。

司馬懿的勝利，在於他能「攻其無備，出其不意」，打了孟達一個措手不及。要做到「攻其無備」，首先是決策要快，看準之後，敢下決心，當機立斷，快刀斬亂麻，而不能拖泥帶水，優柔寡斷。

「將在外，君命有所不受。」危急關頭，必須先斬後奏，果斷行動，不可死守教條。所以，司馬懿不向朝廷請示，擅自發兵而行。可見他求變快而果斷，決策水平確極高明。

曹操奇襲烏巢時，眾人都認為許攸的計策有詐，不可聽從。曹操卻說：「許攸此來，天敗袁紹。我軍糧食快盡，難以持久，若不用許攸計策，也是坐著等死。我也早有劫糧的打算。諸位不必多慮，這番去，必定勝利。」曹操用計不疑，當機立斷，親率奇兵，直取烏巢，大獲勝利。這也充分體現了曹操快而果斷，攻其無備的特點。

要做到攻其無備，行動必須快。司馬懿命令部隊一日行二日路，如遲立斬，結果只用了八天，便趕了一千二百里，出現在上庸城下。若按常規行軍，須十六天時間，必誤戰機。不僅行軍快，攻城也快，抓緊時間，八部並進，日夜急攻，很快便攻克。

十年後，司馬懿率軍攻打遼東公孫淵，包圍襄平，採緩攻之計。有人問他：「過去攻打上庸，八部並進，晝夜攻打，只用了半個月，就拿下它，斬殺了孟達。現在我軍遠道而來，反而不急於攻打，這是為什麼呢？」司馬懿回答：「那時孟達軍隊少，糧食可支持一年，我軍四倍於敵人，而糧食不過用一個月；以一月圖一年，怎能不採取速戰呢？」

可見司馬懿的攻其無備，也不是永遠以速度取勝，而是根據當時的形勢採用的正確措施，形勢變化了，對策也要隨之改變。這才是真正領悟了厚黑的精髓。

7・換個角度，海闊天空

情勢在變，機遇在變，雙方之對比也在變。所以，要行使厚黑學，必須隨機應變，見機行事，不能冥頑不化。正所謂：「上了哪個戲臺，就得唱哪臺戲。」

一般人在困境到來時，總習慣於按定勢思考，一廂情願地設想如果某個方法奏效就能怎麼怎麼樣……幻想出一幅美好的前景，然後就一根筋地照著去做。這樣做的結果通常是事倍功半，甚至無功而返。

有時換個角度看問題，往往能使局面大開。退一步海闊天空。同樣，換個角度也能海闊天空。

隋末，李淵父子起兵造反。大軍攻克霍邑之後，沿著汾河，連占臨汾、絳郡等地，直搗龍門，大有勢如破竹之勢。

龍門位於汾河與黃河交會處北面。這地區，黃河由北向南，汾水則由東向西。隋將屈突通據守的河東要地，離黃河突然拐彎向東處不遠，南對岸便是永豐大糧倉和兵家必爭之地潼關。

對於下一步的攻擊目標，究竟是先克河東，再渡河破潼關，還是先由龍門渡河，搶佔永豐糧倉和潼關，直指長安，李淵軍的將領意見不一。最後，李淵聽取了多數人的意見，拍板定案，先發主力圍攻河東。

但是，屈突通憑險固守，致使李淵軍數攻不克。面對攻城的失敗，李淵準備放棄攻堅，直接西取長安。長史裴寂表示反對。裴寂認為，屈突通擁強兵據於河東，如捨之而去，一旦長安久攻不克，李軍就會陷入腹背受敵的境地。此乃兵家大忌。只有先克河東，再圖西進，才是萬全之策。

這時，李世民表現了自己高超的謀略思想。他指出：「兵貴神速。眼下只有藉連勝之威，撫歸順之眾，鼓行而進，才能使長安守敵智者不及謀、勇者不及斷。這樣，攻克長安，必如同震落枯黃的葉子，不在話下。如果屯兵河東，致使長安有備，那就難以攻取。況且，河東守敵憑險固守，不是一時能夠攻下，倘義軍連遭挫敗，士氣難免低落，到那時，後果更不堪設想。」

李淵對兩種意見兼而納之，留部分兵力監視河東之敵，圍而不打，自率主力，由龍門渡過黃河，進入關中。兩個月後，李淵軍攻陷長安。屈突通部企圖渡河西救，卻在潼關被李軍迫降。

這是一個依據戰場情況，隨機應變，靈活選擇作戰目標的例子。一般說來，指揮官的決心不應輕易動搖。但是，對於錯誤決定的修改，則必須大膽而又果斷。

當進攻遭到失敗，指揮官不應該把目光盯在失敗這一點上。只有打開眼界，另處著手，才能創造柳暗花明的局面。比如，攻城不克，如果你只是一門心思在攻城上下功夫，那是一種單向思維，容易走入死胡同；倘若能回過頭想想：能不能棄城不攻而直接達到主要目標？這就變單向思維為雙向思維了。

另外，一條路不通，可以試試另一條路；正門不通，可以試試後門。劉邦就是在正面打不贏項羽的情況下，採取了背後襲擾的戰法，大見成效。

漢楚爭雄，彭城慘敗後，劉邦狼狽逃竄，靠著一張厚臉皮，對追上的楚將苦苦求情，才得以生還。逃到滎陽，他收集了一些殘部，又得到蕭何發來的兵員補充，驚魂稍定。經過一段時間的慘澹經營，終於阻住楚軍的攻勢，形成僵持的局面。

第二年開春，楚軍不斷襲擊漢軍的糧道，致使滎陽出現饑荒，危在旦夕。劉邦為了緩和項羽的攻勢，派使者求和，但遭拒絕。因此，漢軍又一次陷入四面遭困的被動局面。

一天深夜，劉邦讓二千名婦女披甲戴盔，擁出東門，以吸引楚軍包圍過去。此時，漢將紀信假扮劉邦的模樣，使用漢王儀仗，也從東門而出，謊稱：「城中糧盡，漢王願降。」楚軍信以為真，紛紛跑去看熱鬧。劉邦則帶領幾十名親信從西門出逃。

劉邦逃回關中，收得一部兵力後，打算重新奪回滎陽。有謀士獻計：「強攻滎陽並非上策。如果兵出武關，吸引楚軍南奔，然後令彭越等人在楚軍背後襲擾，威脅楚都，迫使楚軍回救，乘此機會再攻滎陽，一舉可得。」

彭越原是項羽手下的將領，因與項羽不合，起兵造反，投靠了劉邦。彭越軍活動的地區正在楚軍首府彭城的東北方向，它可以對楚軍的後方造成極大的威脅。

劉邦採納了謀士的建議，率兵出武關，果然調動了項羽軍南下。這時，彭越軍在黃河沿岸大肆活動，斷絕楚軍的糧道，襲擊其後方城邑，直接威脅著楚都彭城的安全。後院起火，使項羽十分惱怒。他親率大軍東進，企圖剿滅彭越。劉邦乘此機會，果真一舉奪回滎陽。

項羽將彭越軍趕跑之後，並沒有徹底解除心腹之患，但滎陽的丟失，又迫使他回師西進。經過一番艱苦激戰，楚軍攻破滎陽，進圍成皋。劉邦見成皋也難守，便退守鞏縣。由於楚軍東奔西突，士卒疲勞，所以兩軍在鞏縣一線又形成僵持之局。

劉邦敗出成皋後北渡黃河，跑到韓信的軍營，收回了韓信的兵權，親調其部隊增援鞏縣。同時，將軍劉賈、盧綰率二萬兵馬增援彭越，擴大敵後襲擾的聲勢。

彭越得到二萬援兵，如虎添翼，連克楚軍17座城池，截斷了前線楚軍與彭城之間的聯絡。項羽不得不停止對鞏縣的進攻，再次率軍東攻彭越。臨行前，項羽再三叮囑留守的將軍曹咎在自己返回之前一定要慎守成皋，堅不出戰。可曹咎經不住漢軍的數次挑戰和百般辱罵，一怒之下，輕率出擊，被漢軍所乘，丟失了成皋。楚將鍾離昧也在滎陽以東被漢軍包圍。

項羽很快擊退了彭越，收復了17座城池，但仍然沒有消滅這支遊軍。成皋失守、鍾離昧被圍的消息打亂了他的計畫，他被迫率軍回救。漢軍憑據險要地形，避不出戰，致使一心速勝的項羽無計可施。此時，韓信軍又襲占了山東臨淄，對楚軍後方再次構成威脅。項羽不得已，又調兵二十萬前去援救……

漢軍「背後襲擾」的戰法收到了成效，楚軍東奔西突，疲憊不堪，原有的優勢喪失殆盡。不久，項羽就不得不劃鴻溝以西歸漢，與劉邦訂下和約。

8．讓你的思維變得靈活

「創新思維」是事業成功的前提，挖掘機會的根本，前進途中的驅動器。傳統觀念是創新的頭號勁敵。它會讓你的心靈枯竭，失去動力，阻礙你取得進步，干擾你進一步發展。

每個思維正常的人都有具有創新的能力和權利，關鍵就看你願不願啟動它、開發它。成功者之所以成功，主要動力之一就是始終使自己的思維處於活躍狀態，不斷琢磨厚黑新點子，同時敏感地探測一切可以利用的新厚黑思維。

對於一個虛懷若谷，善納良言的人來說，他很容易借他人的創新思維發掘自己的機會。而對於那些總自以為是的人來說，高傲的性情、狹隘的眼光，使他們不但看不到自己內心的新天地，更無法感覺到別人提供給他的創新機會。

嘗試新事物需要勇氣。傑出的人一般喜歡試探各種未知事物的根柢。他們知道，最有生命力、最壯觀的機會往往就潛藏在這些未知中。而庸人則把失敗後的痛

苦當成惟一的考慮和不敢嘗試新思維的擋箭牌。

牛仔褲的誕生就是這種創新思維的結果。它的創始人李維・施特勞斯在一位淘金工人的奇特思維上借題發揮，不斷融入他自己和其他人的新見解，終於成就了自己的牛仔服飾王國。

一九七八年，有兩位小說家根據李維・施特勞斯的身世，寫成了情節起伏跌宕的愛情小說。這樣一來，便給這位牛仔服大王蒙上一層神祕的面紗，使得人們對李維・施特勞斯的牛仔褲幾近痴迷，穿牛仔裝幾乎成了每個年輕人的時尚。一時間，世界上掀起了一股牛仔文化熱。

一八五〇年，美國西部發現了大片金礦的消息一夜之間傳遍了全美各地，誘發了美國歷史上一次震撼人心的西部淘金大潮，來自全國各地，懷揣發財夢的淘金者蜂擁而至。21歲的李維・施特勞斯就是這洶湧的淘金者之一。然而，到達舊金山之後，他看到多如蟻群的淘金者和一望無際的帳篷，他的發財夢很快就破碎了。

但他不是那種目光狹隘，喜歡鑽牛角尖的人。他雖放棄了從地下挖掘出黃金的夢想，卻找到了地上活生生的金礦——淘金者本身。想在這裡真正賺到錢不是從沙土裡，而應該從那些淘金工人身上淘出真正的金子出來。就這樣，他投下身上所有的錢，開辦起一家專門銷售淘金工人日用百貨的小商店。

小商店開業以後，施特勞斯整日忙著進貨和銷貨，十分辛苦。但這家小商店的利潤十分豐厚。

當時，淘金者很多，用來搭帳篷和馬車篷的帆布很暢銷。施特勞斯於是乘船去購置了一大批帆布來到淘金工地。沒想到，採購的貨物剛下船，小百貨品就已被搶購一空，帆布卻無人問津。

一天，一位淘金工人問他，「你為什麼不帶些褲子來？」

「褲子？為什麼要帶褲子來？」施特勞斯大感驚奇。

「不耐穿的褲子對挖礦的人來說，一錢不值。」這位淘金工人繼續說：「現在礦工們所穿的褲子都是棉布做的，不耐穿，很快就會磨破……」他忽然建議道：「如果用這些帆布作成褲子，既結實又耐磨，說不定會大受歡迎。」

淘金工人離開後，施特勞斯好好地想了他的話，覺得很有道理：把這些帆布都加工成褲子，不就可以全部賣出去了嗎？施特勞斯抱著試試看的念頭，找回這位淘金工人，把他帶到了裁縫店，用帆布為他免費作了一條褲子。作好之後，這位淘金工人穿上結實的帆布工裝褲，很興奮，逢人就講「李維氏褲子」。顯然這條褲子比別的褲子結實多了，又經他一宣傳，這條褲子便變得神奇無比。於是人們紛紛前來詢問。施特勞斯當機立斷，把剩餘的帳篷布全部加工成工裝褲。結果，很快被搶購一空。

這次成功以後，使得李維．施特勞斯萌發了專為礦工生產這種「李維氏工裝褲」的念頭。於是，他放棄了小百貨店，用微薄的資金開辦了「李維．施特勞斯公司」，以淘金工人為對象，開始大批量生產和銷售這種既結實又耐磨的工裝褲，銷售量非常可觀。經過仔細觀察，他認為，帆布雖然結實耐磨，但它不柔軟，穿在身上不是那麼舒服；樣式上，工裝褲比較單調而且肥胖不得體。他以商人特有的敏感，開始改進工裝褲的面料和樣式。

通過歐洲的親戚，他瞭解到，有個法國人發明了一種叫作尼姆靛藍斜紋棉咔嘰的藍白相間的斜紋粗棉布，在歐洲很受歡迎。他如獲至寶，毫不猶豫地從法國進口了這種布料，作為工裝褲的專用面料。

他大膽想像，決定對這些工裝褲做一次樣式上的改觀。結果，這種新式面料生產出來的褲子不但結實耐磨、柔軟緊身，樣式也顯得漂亮多了，更受到淘金工人的歡迎。一時間，這種工裝褲在西部的淘金工人、農機工人及牛仔中廣為流傳。人們把這種褲子改了叫法，叫JEANS。它一度成為工裝褲的代名詞。這種叫法為工裝褲的進一步流行起到了宣傳作用；加上靛藍色在歐洲原始時代，和宗教信仰有著密切關係，所以這種顏色對牛仔褲流行歐洲起了潛在的幫助作用。

李維．施特勞斯還緊密結合淘金工人的勞動特點，不斷對工裝褲進行改進。淘金工人在勞動過程中，經常把認為含有金子的礦石樣品放進褲袋，用線縫製的褲袋因磨損嚴重，經常斷線裂開。有一次，一位名叫戴維斯的裁縫發現淘金工人埃克的褲兜被礦石撐破，使用黃銅鉚釘對褲兜進行加固。這種黃銅實際上是銅鋅合金，堅固結實，釘在褲兜上方兩角，不僅牢固，還起著修飾作用，使工裝褲顯得更加美觀大方。為了保證褲兜不會從中間斷線，戴維斯還採用對褲兜四周進行皮革鑲邊的辦法，進一步加固，效果十分明顯。施特勞斯十分重視戴維斯的這項發明，迅即找來戴維斯，請他為所有的工裝褲都加上黃銅鉚釘。

一八七三年，施特勞斯和戴維斯達成合作協定，並對他們釘有鉚釘的李維氏靛藍工裝褲申請了專利。經過改進，施特勞斯所發明的工裝褲逐漸具有了今天牛仔褲所特有的樣式。

施特勞斯的工裝褲樣式越來越漂亮，公司越辦越紅火。當淘金工人進城休假時，他們身上穿的這種工裝褲引起了市民的注意。一時間，工裝褲不僅受到淘金工人的歡迎，還受到美國社會普通大眾的鍾愛。牛仔、大學生、城市青年紛紛購買李維氏工裝褲。漸漸地，這種服裝在美國成為一種時髦服裝。

第二次世界大戰以後，美國社會，婦女解放運動、學生運動、嬉皮風潮、反越戰運動此起彼伏，警察與青年學生、普通民眾經常發生衝突。在對峙中，李維氏工裝褲的方便、靈活性充分展現出來。李維氏工裝褲就這樣逐漸成為年輕化、大眾化和充滿青春魅力的象徵，社會各界，不分身分和地位，都接受了它。

20世紀中葉，美國西部電影廣受歡迎，李維公司趁機把工裝褲穿到好萊塢的電影明星身上，而這些好萊塢電影明星在電影中多扮演英俊瀟灑、行俠仗義的西部牛仔。於是，李維氏工裝褲的名稱逐漸被稱為「牛仔褲」。通過電影明星的介紹，美國東部地區也開始把擁有一條牛仔褲當作一種時尚。在駁斥上流人物對牛仔褲的指責時，李維公司充分利用報紙、廣播等大眾傳播媒介為牛仔褲正名。他們一方面宣傳牛仔褲的結實耐穿、美觀舒適，是「最佳打扮」；另一方面則結合美國的各項社會運動，把牛仔褲說成是民主、自由的象徵，甚至把牛仔褲包裝成一種「牛仔褲文化」。在強大的宣傳攻勢下，牛仔褲很快從美國西部流行到南部。之後，牛仔褲不僅紅遍了美國，還逐步走向世界，現在牛仔褲已成為經典，上至總統，下至販夫走卒，人人喜愛，人人趕潮，永不退流行！

李維牛仔褲的成功說明，對一個想成功的人來說，開拓自己的創新思維是至關重要的事。若想發展自己的創新思維，可從以下各方面著手一試。

誠懇接受各種創意是保持創新之樹常青的上策。

徹底丟掉「不可能」、「辦不到」、「沒有用」等思想，也不要自以為精明幹練，要盡可能汲取所有良好的創意。

想擺脫困境，就要養成用多種思維方式思考問題的習慣。也就是說，學會在思考中不斷創新。

9・最危險的地方最安全

「最危險的地方就是最安全的地方。」

你知道這句話是從哪裡來的嗎？

就是從古龍《三少爺的劍》的男主角謝曉峯口中說出來的。

從某種意義上說，戰爭是冒險家的樂園，一切懦夫和膽怯之士決不可能在戰爭的舞臺上留下千古絕唱。翻開戰爭史，我們可以發現這樣一個既淺顯卻又深刻的道理：膽與識往往交織在一起，相互作用。有膽無識，謂之莽撞；有識無膽，謂之空想。只有膽識相長，方可創造奇蹟。

為了勝利，必須冒險；想冒險，則需要膽量。危難時，更需要膽量支持。

冒險，其招術有軟有硬。有的冒險是孤注一擲，竭盡全力同敵一搏；有的冒險則是以計取勝，把高超的智慧和過人的膽略結合起來。

漢景帝中元六年（公元前一四四年），匈奴大軍南下，直取上郡。景帝派一位中貴人（職位較高的太監）跟隨李廣學習軍事，以便領兵打擊匈奴。一天，這中貴人帶著數十名騎兵與3個匈奴兵遭遇，被箭殺了幾十個人。中貴人帶著箭傷逃回。

李廣見此情景，問明情況，判斷敵人一定是射鵰的獵戶。他親率百餘騎追殺。那3名匈奴兵因無馬匹，在即將接近匈奴大隊人馬時被李廣追上。李廣迅即搭箭射死其中2人，活捉1人。

正欲收兵，匈奴數千騎出現在面前。李廣的部屬十分驚慌，急著調轉馬頭逃跑，為李廣及時制止。李廣不慌不忙地說：「我們脫離大軍幾十里，慌亂逃跑，匈奴人追上來，誰也逃不走。如果我們駐馬不走，匈奴人會把我們當成誘敵之兵，就不敢追上來了。」言畢，他反倒率隊朝敵人的方向繼續前進，到大約距敵2里的地方才停下來，並命部屬一齊下馬，卸下鞍子。

騎兵們大著膽子問道：「敵人既多又近，若是向我們衝殺過來，如何脫逃？」

李廣從容答道：「敵人原以為我們會畏懼逃走，現在都解鞍下馬，他們更會把我們當成引誘他們上當的奇兵了。」

果不其然，匈奴兵望著只有百餘騎的漢軍，一直沒敢進擊。不多時，一個騎白馬的敵軍將領衝下山來，試圖救回被俘的匈奴兵。李廣帶領十幾人上馬攔擊，射殺白馬將後又回原地解鞍而臥。匈奴人搞不清漢軍底細，不敢輕易出擊。結果雙方一直對峙到深夜，匈奴人因害怕漢軍埋伏，主動撤兵而去。

次日清晨，李廣也率部從容回到營地。

很顯然，飛將軍李廣在匈奴大軍當前的危急情況下，採取了敵進我進的冒險計謀，深入了敵人的勢力範圍。最危險的地方往往最安全。這樣一來，反而迷惑了匈奴人，讓敵人不敢貿然行動。這比主動逃跑和同敵死拼的做法高明得多。

10・機會屬於果斷的人

唐高祖李淵太原起兵以後，秦王李世民、太子李建成及齊王李元吉各收羅了一批文武人才作為自己的心腹和黨羽。天下統一後，李世民、李建成及李元吉之間便開始了皇位繼承權的爭鬥。

李建成以長子的身分，名正言順地被立為太子。他長期留守關中，既得到隴西士族的支持，又受到宮中妃嬪和貴戚的擁戴，在政治上擁有壓倒秦王和齊王的優勢，而且手下有魏徵等重要的謀臣，馮立、薛萬徹等優秀的戰將，還招募了二千餘驍勇充當東宮衛士。

李世民雖是高祖次子，但從最初太原起兵，到統一天下，他一直起著決定性的作用，實際上是大唐帝國的締造者。經長期征戰，他的手下也是人才濟濟，既有房玄齡、杜如晦、徐茂公等足智多謀的文人策士，又有秦叔寶、尉遲敬德和程咬金等一批威名赫赫的戰將。他們希望李世民取代李建成，立為太子。

齊王李元吉是高祖的第四子，生性兇狠，不願事奉兄長。有一天，護軍薛實對他說：「大王的名字，合起來可以成為一個『唐』字。看來，大王終究要主持大唐的祭祀。」他聽後十分高興地說：「只要能夠除去秦王，捉拿太子就易如反掌了。」但由於他的地位與聲望都不及兩位兄長，沒有獨樹一幟的條件，便暫時和太子結成聯盟，共同與李世民較量。

唐高祖武德九年（六二六）六月初一、初三，金星兩次經過天空正南方。秦王李世民授意朝臣傅奕上奏高祖：「金星兩次出現在秦地上空，兆示著秦王應當執掌天下。」他自己又上奏，揭發建成與元吉淫亂後宮妃嬪的事實。待李淵火起，他更乘機進言：「兒臣無半點虧負兄弟之處，現在兄弟聯手欲害兒臣，像是要替王世充和竇建德報仇。兒臣今日冤死，便再也見不到父皇了。若魂歸地下，也恥於見到王、竇這兩個奸賊！」李淵大驚不已，回答道：「待明天審訊他們，你早點上朝。」

六月初四夜半，秦王命長孫無忌率兵預先埋伏在玄武門。不久天亮，嬪妃張婕妤已密遣內侍，向太子報告秦王上表的大意。太子叫來齊王商議。齊王說：「我們應當統率東宮和齊王府中的兵力，托稱有病，不去上朝，以便觀察形勢。」太子說：「兵力已布置嚴密，我與你應當入朝參見，親自打聽消息。」

於是，兩人攜手向玄武門而來。待他們走到臨湖殿，才覺察到情形不對，立即撥轉馬頭，想趕回東宮和齊王府搬兵。李世民在後面招呼。李建成搭箭欲射，因心中慌急，一連三次都無法將弓拉滿。李世民回身一箭，將李建成射死。尉遲敬德率七十多名秦王府親兵趕來，分左右攢射李元吉，李元吉墜馬。李世民坐騎受驚，奔入樹林，人馬被樹枝絆倒，不能起來。李元吉急速趕到，奪去李世民的弓，想用弓弦將李世民勒死。尉遲敬德躍馬來救。李元吉轉身便逃。尉遲敬德追著射他一箭，將他射死。

此時，東宮和齊王府的將士聞訊趕來，猛攻玄武門。秦王一邊令衛士拼命抵抗，一邊令尉遲敬德進宮，逼高祖頒下親筆敕令，命各軍一併接受秦王節制。一場宮廷政變迅速結束。

武德九年六月初七，高祖立李世民為太子，還頒布詔書：「從今天起，天下大事均交付太子處置，然後朕再聽奏報。」所以，實際上，從這一天起，李世民已是當政的皇帝了。

這場驚心動魄的政變發生在玄武門前，秦王李世民抓準關鍵時刻，當機立斷，先發制人，終於成功地反敗為勝。

11・不過黃河不死心

戰爭是一個萬花筒，千奇百怪，色彩紛呈，什麼事都隨時可能發生。

在有些情況下，統帥生性懦弱、膽怯，對失敗或挫折後的形勢悲觀、失望，缺乏勝利的信心，部屬卻可能有顧大局、識大體者，能看到自己的力量及取勝的希望。這時就需要部屬能對統帥施加影響，使其堅定而積極地行動，增強反敗為勝的決心和勇氣，從而帶動全軍上下一致努力作戰，扭轉戰局。

提起寇準，誰都知道他是我國宋朝有名的宰相。讓我們看看他是如何鼓勵宋真宗下決心親征，大振士氣敗遼軍的事蹟吧。

景德元年（一〇〇四）閏九月，遼聖宗耶律隆緒與其母蕭太后率大軍二十萬，大舉進犯河北，一舉攻佔祁州（今河北安國）、洺州（今河北永年）；而後，避開大名等軍事重鎮，利用宋軍防守的間隙，長驅南下，於十一月間在德清（今河南清豐西北）大破宋軍，兵臨澶州（今河南濮陽）城下。一路上，遼軍攻城掠寨，氣勢逼人，並在軍事進攻的同時，不斷發出政治攻勢，向北宋統治者施放議和的誘餌。

遼軍大規模入侵，在北宋朝野上下促發極大的震動。真宗趙恆與群臣商議退敵之策，迎敵與避敵兩種意見爭執不下，真宗在其間猶豫不決。針對有人提出避敵金陵及成都，動搖真宗迎敵之決心的消極對策，宰相寇準極力反對。他勸真宗道：「陛下神武，將臣協和，若大駕親征，敵當自遁；如若不然，則出奇以阻其謀，或堅守以老其師，敵勞我逸，必操勝券。奈何放棄宗廟，避敵楚蜀？若致人心離散，敵人乘勝深入，天下不可復保。」經過寇準苦苦相勸，真宗終於同意率大軍親征。

但真宗同遼軍大戰的決心並非十分堅定。他率軍抵達韋城，又有人復提南逃金陵的建議。真宗面臨大敵，又舉棋不定，不願再進。進兵之中，主帥動搖，為軍中大忌。事關宋王朝的生死存亡，寇準再次挺身而出，耐心勸說真宗：「陛下只可前進，不可後退。河北諸軍日夜望陛下親征，士氣百倍。若回輦後退，則諸軍士氣瓦解，虜乘其後，金陵亦不可保。」經過寇準和殿前都指揮使高瓊的共同激勵，真宗才又下令向澶州進軍。

11月26日，宋軍來到澶州城南。此時，前鋒已同遼軍遭遇，宋將張襄射死督戰的遼統軍大將，遼軍士氣低落。這本是宋軍發起攻擊的有利時機，宋朝君臣上下卻又在為是否渡過黃河而爭論不休。有人以真宗安全為由，堅主不渡河。寇準在高瓊支持下，建請真宗過河以鼓舞士氣，穩定軍心，克敵制勝。未等處於觀望的真宗發令，高瓊已指揮衛士驅車北上。

可就在準備渡過浮橋時，真宗再度猶豫，下令停車。寇準和高瓊知道車子停下來會是什麼結果。於是，寇準一邊勸說真宗，高瓊一邊用鞭子強使車夫把真宗的車輦推過浮橋。費了九牛二虎之力，真宗勉強過了河。雖然真宗過河不甚情願，過河本身卻帶來了巨大的激勵效應。此時，真宗也只好隨遇而安了。

待真宗登上北城樓，黃龍旗隨風高高飄揚，宋軍將士從中看到一個堅持抗戰的天子形象，頓時士氣大振，「萬歲」的歡呼聲此起彼伏，響徹十里雲霄。隨即，宋軍於城下大敗遼軍，從而挽救了北宋失敗的危局。遼軍損兵折將，且深入宋腹地千裡，不敢久留，遂與宋在澶州締結了澶淵之盟。

從澶州之役的前後，我們可以看出，寇準及高瓊為使真宗完全定下抗遼之決心所做的艱苦細緻又耐心的激勵工作。特別是他們把真宗連哄帶推，過了黃河之後，真宗才真正沒有了退路。可以這麼說，沒有寇準等人的勸說，懦弱的真宗就不可能完全定下抗遼的決心，也就不會有抗戰的真宗皇帝對宋軍將士促發的巨大鼓舞。

12．讓對手畏懼你，就能反敗為勝

不冒最大的危險，在戰爭中就不可能獲得最大的成功。一旦你置個人生死於不顧，所表現出來的氣概，連對手都會畏懼三分，甚至會被你嚇破膽。

戰爭是一個充滿不確定性的領域。克勞塞維茨也說過，戰爭具有很大的概然性。因此，冒風險是戰爭中常有的事。理智的冒險是通向成功的催化劑。反之，企圖不冒任何風險而求得成功是不可能的。處於失敗或不利之時，冒險成功的難度就更大，但其帶來的價值也更大。當然，冒險不等於冒進和莽撞，它是在一定可能性的基礎上所做的拼搏和投入，需要冒險者的智慧和膽量，為達成功而不惜自己的名譽、地位、生命的損失。

宋朝著名的政治家、唐宋八大家之一的王安石曾經說了這樣一段高論：「夫夷以近，則遊者眾；險以遠，則至者少。而世之奇偉、瑰怪、非常之觀，常在於險遠，而人之所罕至焉，故非有志者不能至也。」

人生又何嘗不是如此。在生活中，誰又能保證自己所從事的活動百分之百可以成功？如果承認失敗是可能的，那就等於認可了為達成功，必須承擔風險。

今人稱讚哥倫布發現美洲新大陸。但是，有誰首先把他看作一個探險家，又有誰去品味他置死生於不顧，戰狂風，鬥惡浪，漂洋過海的艱辛歷程。人們常說：大難不死，必有後福。這其中的福恐怕就是對冒「死」之險的最大報償吧。

南宋時期，有一位功勳卓著的抗金名將，勇冠三軍，被稱為「萬人敵」。每遇征戰，他總是身先士卒，冒死向前。他就是名聲顯赫的韓世忠。

韓世忠曾單槍深入虎穴，俘敵萬人，表現出過人的膽略。

宣和三年，宋將張師正因為兵敗，被宣撫副使李彌大按軍法斬首。張的部將李復為此鼓動軍士反叛，佔據淄州、青州一帶，擁有數萬人馬。李彌大無力平息叛軍，就命韓世忠領兵前往鎮壓。韓世忠手下當時不過千人，要與擁有數萬之眾的李復對陣，顯然力量不足，為了完成任務，就需要勇氣和智慧。

部隊開到臨淄河，韓世忠布下了一個破釜沈舟，與敵決一死戰的陣式。他把部隊編為四隊，猛衝敵營，同時在部隊後面布設鐵蒺藜，自絕後路。他下令：「進則勝，退則死。走者命後隊刺殺。」將士們義無返顧，奮勇殺敵，勇往直前。不多久就突破敵陣，殺死叛將李復。

韓世忠率軍乘勝追擊，將餘敵逼至宿遷。此時叛軍還有一萬之眾，他們自以為已逃脫了宋軍的追擊，因而放鬆了警惕，並擺酒設宴，縱情狂歡。

韓世忠見敵人沒有防備，就連夜單槍匹馬衝入敵營。他大喝一聲：「我大軍已至，你們只有死路一條。若能束戈捲甲，立即投降，我可保全你們的性命，並可共求功名，報效國家。」

正忘乎所以的叛軍將士被這突如其來的氣勢所震懾，個個嚇得魂不附體，不知所措，有的癱倒，有的則跪著舉酒請罪。韓世忠下馬解鞍，以勝利者的氣度猛吃猛喝。眾敵兵見頭目對韓世忠都服服帖帖，也都乖乖地解甲投降。

次日黎明，敵軍將士見只有韓世忠一人，才知上當。可這時反抗為時已晚。

這兩次作戰，韓世忠先是帶領全軍冒著四面受敵乃至全軍覆沒的危險，自絕後路；繼之，又單槍打入萬人敵營，迫敵投降。在他身上表現出的奇膽大勇，真是令人膽戰心驚。

公元前二〇四年，在華北重要的隘口——井陘，也留下一篇流芳百世的戰爭傑作。當時韓信受命東征趙國。當時在趙國輔佐趙歇的代王陳餘等聽說韓信領兵攻趙，當即同趙王一起集兵二十萬，駐守於漢軍必經之地井陘口。井陘口是太行山的要隘，地勢險峻，易守難攻。大隊人馬過關，車不能並排，馬不能成列。很顯然，地利已為趙軍盡占。

韓信當時所率軍隊雖然號稱數萬，但真正能打仗的只有幾千人。就這些人馬也是臨時收編、徵調而來，缺乏訓練。同趙軍相比，漢軍在兵力上明顯處於劣勢。

開戰前，趙國很會用兵的將領李左車向趙王和陳餘提出了戰勝漢軍的妙計：「韓信連戰皆捷，勢如破竹，其弱點在於孤軍深入，後勤補給困難，再加上井陘口狹長的山路，漢軍糧食輜重肯定不能跟上來。若由我帶領3萬人馬抄小路襲其輜重，斷其後續，將軍率主力正面堅守，必可使韓信欲進不成，後退不能，再加上軍無糧草，不出10天，漢軍必然大敗。」

自恃擁有重兵和佔據地利之優勢的陳餘哪裡聽得進李左車頗有見地的建議！他根本沒把韓信那幾千人馬看在眼裡，口稱只要正面迎敵即可取勝，根本用不著出什麼奇兵。

韓信派人打聽，得知陳餘拒絕採納李左車的建議，十分高興。這等於給他的進攻掃清了一道障礙。於是，他率領漢軍進駐距井陘口30里的地方。

就在駐紮的當天晚上，韓信精選輕騎兵二千人，多帶武器和紅旗，從小道上山，隱蔽在趙軍營地的一側。

他對將士們說：「你們守候在此，待趙軍見我撤退，傾營出動追擊時，趕快進入趙軍營地，把所有的趙旗都換成漢旗。」

把這支伏兵部署停當，韓信謀劃著敵強我弱的情況下，有何勝敵之計。他針對大部分士卒未經訓練的實際，大膽布下了「背水列陣」這一為兵法所忌的險招。

韓信派一萬人為先鋒，渡河列陣。這樣一來，這支軍隊背臨河水，面向佔有地利和兵力優勢的趙軍，等如處於「死地」。難怪趙軍見韓信如此布兵，都譏笑他不懂兵法，並認為此戰漢軍必敗無疑。

天亮以後，韓信率領主力殺向井陘口，陳餘率軍迎擊。經過長時間的激戰，韓信假裝抵擋不住，率軍退入背水陣中。陳餘見韓信的軍隊全部進入背水陣這一絕境，認為這是全殲漢軍的大好時機，就率趙軍傾巢出擊。

漢軍面對眾多趙軍的攻擊，進不能，退不成，惟有死戰，才可能得一條生路。於是，漢軍將士同趙軍展開了一場殊死搏鬥。與此同時，埋伏於趙軍營地附近的漢軍等趙軍一離開營地，一舉攻入趙營，很快把二千多支漢軍的紅旗插滿了趙營。

卻說背水陣前，兩軍奮戰正酣。趙軍見漢軍作戰勇猛，知一時半會兒不能取勝，就想退入營中，另做打算。待趙軍回首遙望自己的營盤，卻個個嚇得目瞪口呆：好端端一座營盤，怎麼頃刻間成了遍插漢軍紅旗的陣地。還沒等他們明白過來，漢軍裡外夾擊，趙軍大亂。不多時二十萬趙軍就被只有數千人馬的漢軍所敗，陳餘被殺，趙王歇也當了俘虜。

戰後，眾部將對韓信的戰術大惑不解，在慶功宴上問他緣由。韓信說：「你們只知背水列陣為兵家所忌，卻忘了兵法上還有『陷之死地而後生，置之亡地而後存』的訓誡。我軍臨時組建，缺乏訓練，若把這樣一支軍隊置於能退能生的地方，一遇危險，還有不跑的嗎？我偏把他們部署在只有勇猛奮戰才能生存的地方，這樣，就沒有人不奮勇作戰了。勝利就是這樣得來。」

聽罷，眾將都深讚韓信的高超戰術，同時也為他把幾千人置於死地，迎戰有幾十萬之眾的趙軍的冒險精神所折服。

第四章

成大事者，
往往不拘小節

I．把敵人捧上天

漁人打開一個瓶子，從裡面跳出一個魔神要殺害他。漁人驚愕之餘，說：「你這麼高大，怎麼能鑽到這小瓶中呢？」那魔神得意洋洋：「我能伸能縮，現在就鑽給你看。」等那魔神重又鑽回，漁人趕緊塞住了瓶口。危險時，如果即時運用厚黑智慧，也設計出這麼一個圈套，讓對手鑽進去，豈不大功告成。

《戰爭論》中，克勞塞維茨藉由許多奇特的思維，得出了許多膾炙人口的結論，如珠妙語中透著靈氣和哲理，很叫人回味無窮。在談到進攻時，克勞塞維茨獨創性地提出一個新概念，叫「進攻的頂點」。為此，他做了一段精彩的論述：

「進攻者可以像買東西一樣，獲得一些在媾和談判時對他有利的條件。但他必須先以自己的軍隊為代價，付出現款。進攻者若能把自己日益減弱的優勢一直保持到媾和為止，他的目的就達到了。大多數戰略進攻只能進行到它的力量還足以進行防禦以等待媾和的那個時刻為止。超過這一時刻，就會發生劇變，遭到還擊。這種還擊的力量通常比進攻者的進攻力量大得多。我們把這個時刻叫作進攻的頂點。」

同樣，勝利也有頂點。當勝利的一方跨越頂點之後，失敗就會接踵而至。我們把這一規律稱為「頂點定律」。如果勝利的一方還沒有足夠的物質和精神力量去維持已經得到的勝利，那就是跨越了頂點。換句話說，收穫必須量力而行；超過一定的限度，就會造成惡果。力量可以達到的地方與力量可以鞏固的地方完全不是一回事。中國有句成語叫「強弩之末」。強弩百步之內可以穿金削鐵，到千步之外時，就紙綿不破，這也是超過了頂點。

失敗的一方若深信「頂點定律」，就能運用韜略，順著敵方貪求更大勝利之意，縱其跨越頂點，使其在不該得時得到，不該收穫的季節收穫。依此而行，反敗為勝也就為期不遠了。將勝利者推向更大的勝利，看起來似乎荒唐，但其中含有豐富的哲理，不失為敗後制勝的一大怪招。

三國時期，當吳、蜀兩國關係破裂，孫權非常擔心地廣勢眾，「挾天子以令諸侯」的魏國會與蜀國聯手共圖東吳。於是他想出了一招：上表勸曹操廢天子自立為帝。他深知，蜀國的旗幟就是恢復漢室，如曹操果然將那個已成為擺設的漢天子廢掉，自然就會激怒劉備，使得蜀、魏不僅不能聯手，還可能刀兵相見。這樣一來，二對一的局面就可輕而易舉地改變。但曹操也不是等閒之輩，他看完表章，輕蔑地說：「孫權小兒想把我置於爐火之上啊！」

這是運用「頂點定律」未能奏效的一例。而成功的例子也為數不少。

戰國初期，魏國非常強大。魏惠王企圖以朝見周天子為名，召集12個諸侯小國，共同討伐秦國。當時秦國尚未強盛，不堪一戰，因此秦孝公非常害怕，下令國人積極備戰，以抗強魏。衛鞅認真分析了形勢，認為如果針鋒相對，秦國根本不是敵國的對手，只有卑詞厚禮，尊魏為王才是上策。秦孝公依計而行，主動向魏國稱臣。魏惠王果然上當，他廣建宮殿，登上了「天子之位」。這時，齊、楚等另外一些企圖稱霸的國家不答應了，一起將矛頭指向魏國，發起了一場伐魏之戰。這一戰，魏國失去了強國的地位，秦國則乘機發展起來。

無獨有偶，當魏國在馬陵之戰中大敗於齊軍之後，如法炮製，也用此法讓齊國吃了苦頭。魏惠王咬牙切齒地對相國惠施說：「齊國是我的仇敵，馬陵之怨，我沒齒難忘。現在我們的實力雖然不如從前，但我總想傾全國之兵與齊決戰。」

相國惠施是一個深諳韜略的人，及時勸阻了魏惠王以武力復仇的念頭。他指出：「大王曾經攻打趙國的邯鄲，與齊國戰於桂陵，後來又攻伐韓國，與齊國二戰於馬陵，結果是連遭失利。現在我軍實力已大大削弱，大王卻想傾全國之兵去攻打齊國。這萬萬不可！依我之見，大王果真想要報仇，倒不如脫掉王服，屈節尊齊。這樣，必然引起楚國的憤怒。然後大王可以派人去離間齊楚關係，楚必攻齊。齊因連年征戰，雖勝而兵疲，楚國一直都在養精蓄銳，國力正盛。因此，齊國必然不是楚國的對手。」

惠王覺得相國的見解高自己一籌，便接受了勸告。他很快派出使者前往齊國，表示願意向齊稱臣。正當齊威王得意忘形之時，楚國和趙國卻妒意頓起。公元前三三三年，楚、趙聯合發兵攻齊，大敗齊軍於徐州。

在這裡，正是「稱臣」的舉動完成了「推」著對手跨過了「頂點」。強大的齊國可能給周圍鄰國帶來的威脅，通過魏王伏首聽命的可憐相突出地展現出來，這就必然招致各國的警覺和嫉妒。而實際上，齊國雖然打了幾次勝仗，卻已兵疲車敝，國庫日虛，絲毫不具備成為王者之王的實力。此時，齊威王沒有金剛鑽卻攬了瓷器活，超過「頂點」，頭重腳輕，自然是難免一敗。

2．假惺惺地做好人

詭辯術中有這樣一種方法：為了反對某一觀點，首先表示熱烈贊同，然後將其大加發揮，引向極端，使人一聽就知道其中謬誤百出，從而達到不攻自破的目的。

這種方法多半用在直接反駁難以取勝的場合。《兵經百篇》中說：「大凡逆之愈堅者，不如順以導瑕。敵欲進，羸柔示弱以致之進；敵欲退，解散開生以縱之退。敵倚強，遠鋒固守以觀其驕；敵仗威，虛恭圖實以俟其懈。」大意是：凡是硬拼難免吃虧的，不如順從敵人的意圖，引導他犯錯。敵人想前進，就故意示弱誘他進；敵人想退卻，就虛留生路縱他退。敵人倚仗自己力量強大，就故意固守不戰，滋長他的驕傲情緒；敵人炫耀自己強大的聲威，就假意恭敬，暗蓄力量，等待他麻痺鬆懈。就像這樣，順著敵人的意思，引導他朝著希望的方向發展，直至走向極端，是一條常用的計策。

古時候，皇帝都是三宮六院，妻妾成群，過著極其荒淫的生活。在眾多陪伴皇帝享樂的女人中，皇后的地位最高，因而最容易成為內宮「娘子軍」爭奪的焦點。

漢朝第四代皇帝景帝的皇后因為沒有生出「龍種」，逐漸被景帝所疏遠，地位難保。此時，其他夫人、嬪妃立即活躍起來，紛紛想取而代之。

誰能最後奪取皇后的位子？一位生性聰穎而心眼極多的王夫人巧妙地運用推過「頂點」的厚黑之計，達到了目的。

當時，在眾多競爭對手中，栗姬的條件最為優越，她最先給皇帝生了一個兒子。按照一般做法，這個長男當然就是皇太子，他的生母按理應該被立為皇后。於是，大家對栗姬心生嫉妒，紛紛說她的壞話。栗姬不知道好好利用自己的優勢，自以為生了皇太子，就得意忘形，不把其他人放在眼裡，引起更多的不滿。漸漸地，關於栗姬的壞話越來越多地傳到景帝的耳裡，他大為生氣，遂疏遠了她。

有一次，景帝大概是想親自做一番試探，就對栗姬說，請她將來照應其他妃子所生的孩子。不知高低的栗姬卻裝嬌耍賴地不肯答應，還出言不遜，使得景帝很不高興，更加討厭她。不過，栗姬畢竟是皇太子的母親，景帝沒有對她怎麼樣，只是在立后的問題上猶豫起來。

把這一切都看在眼裡的王夫人著手進行自己的行動。她並未極力詆毀栗姬，而是採用了另外一種辦法：假惺惺地做好人，先捧後摔。

王夫人悄悄地對一位大臣說：「皇后的位子不能總是空著。我想去勸告皇上，讓太子的生母栗姬當皇后，你看怎麼樣？」那位大臣不知是計，只想著要成為新皇后的第一個推薦者，便急忙到景帝面前進言：「太子的母親栗姬不應該再和一般嬪妃平起平坐，臣以為宜立為皇后。」景帝聽罷，以為是栗姬在背後拉攏大臣，為其爭搶后位，勃然大怒，下令把那位大臣打入監牢，廢了太子，將栗姬轟出了宮門。

等到景帝的氣消了，王夫人趁著柔情蜜意之時，在他面前為栗姬和太子求情。自然，金口玉言，不能隨便改。但王夫人的做法使景帝深感她是個大賢大德的女人，留下極深的印象。後來，王夫人順順當當地登上后位，她的兒子就是成了後來鼎鼎大名的漢武帝。

在此，皇后這個位子是內宮妃嬪爭奪的焦點，王夫人在栗姬還並不討景帝歡心的時候，鼓動大臣去為她爭搶這個位子，實際上是推她越過了「頂點」。這一著非常高明。

3・豬要養肥了再殺

春秋初年，鄭武公死後，太子寤生繼位，稱為鄭莊公。莊公的位子坐得很不踏實。他心裡明白，自己雖然當了國君，政敵們決不會就此善罷甘休，他還得拼力爭鬥。不過，用什麼方式與政敵鬥爭才好呢？他頗犯躊躇。因為那政敵不是別人，正是他的親生母親和胞弟！

原來，莊公在母親姜氏做夢時出生，使她大受驚嚇，不討她的喜歡。後來，姜氏又生一子，取名段。段長得一表人才，頗有帝王相。姜氏就將全部母愛傾注在這個小兒子身上。

鄭武公在世時，姜氏三番五次要求丈夫廢長立幼，可武公怕這樣做會引起內亂，沒有依她，只封給段一個小城作為食邑。對於這事，武姜和共叔段一直心懷不滿，所以武公一死，他們便加緊了奪權的步驟。

姜氏為小兒子只得了一小塊封地而深感不平，總想替他討回「公道」。一日，她質問莊公：「你已繼承君位，擁數百里土地，而你的同胞弟弟卻只有一座又小又窮的城邑，你於心何忍？」

莊公雖然從小就被母親所厭棄，但他是位孝子，仍然很尊敬母親。他恭敬地問道：「依母后的意思，應該怎麼做才好？」

姜氏語氣強硬：「給他一座大城！最好將制邑封給他。」

莊公為難地告訴母親：「父王生前曾經再三告誡，制邑的地位非常重要，不能封給任何人！」他請姜氏重挑一個地方。

「那就京邑吧」姜氏不容商量地說：「你若還不同意，就不如把我和你弟弟趕出鄭國算了！」

莊公無可奈何，答應了母親的要求。大臣們聽說要將京邑封給段，有人表示反對，認為這樣做無異是一國二君，太危險了。莊公悲傷地回答：「母命難違啊！」

姜氏要將京邑劃給段，確是包藏禍心。京邑是個富裕、險要之地，段到那裡，可以圖謀大展。段臨行前，母子倆商定，一個到京邑去聚兵積糧，擴大實力，一個留在莊公身邊，以作內應，等到時機成熟，再一舉奪取國君之位。

段到了京邑之後，果然不遺餘力地網羅親信，招兵買馬。他下令，凡在自己屬地的賦稅，一律不再上交國庫。過了不久，他又尋找藉口，侵佔他人的封地，實力一天天強盛起來。

大臣將段的胡做非為上報莊公，莊公只是一笑置之，不做回答。

大臣說：「都邑城牆的高度，先王都有規定。如今段不按規定修城，您應及時阻止，以免後果難以收拾。」莊公何嘗不明白這個道理。但他心裡另有打算，只說：「這是母后的希望，我又有什麼辦法？」

上卿公子呂請求帶兵討伐，被莊公喝住。莊公厲聲說：「段是我的同胞兄弟，母后的掌上明珠。誰敢言伐，定斬不饒。」

退朝時，公子呂邊走、邊搖頭嘆氣地自言自語：「沒想到主公是一個沒有英雄氣概之人。」

「公子錯怪主公了。」身後忽然有人答話，嚇了公子呂一跳。定睛一看。原來是大夫祭足。祭足笑道：「我看主公是一個足智多謀的人，決不會不處理這件事。只是在大庭廣眾之下，怎能說出真心話？」

公子呂恍然大悟，連忙趕回宮裡，私下求見莊公。

這回，莊公不但沒有責罵他，反而推心置腹地交談起來。莊公說：「我知道母后和段正圖謀篡位，但他們的陰謀還沒有被天下人所知。如果現在就予以鎮壓，國人必會罵我無情不孝，反生禍亂。所以我只好裝聾作啞，聽之任之。待他們罪惡昭彰之後，再除不遲！」——這就是「豬養肥了再殺」的厚黑謀略。

公子呂聽罷，頌讚莊公遠見，只是仍然擔心，萬一段的勢力越來越大，恐不好對付。莊公又將自己的打算詳細說了一遍。公子呂點頭稱是。

第二天，莊公在早朝時突然宣布，他想去朝見周天子，此後國政由祭足大夫代理。下朝之後，他又親往姜氏面前辭行，說了一番自己不在時，請母親多多保重的話。過了幾天，莊公果然帶了很多禮物和人馬，朝周國而去。

姜氏見莊公走了，非常高興，立即寫了一封密信，差人送往京邑，約段於五月初起兵，裡應外合，發動政變。

段接密信，立即行動，詭稱莊公出國，自己要代理朝政，傾全部之兵，離開京邑，直向都城撲去。行到半途，忽然有消息傳來，說京邑已被公子呂帶領的隊伍佔領。段聽了大驚失色。

原來，莊公朝見周天子是假，誘使母后和弟弟提前起兵造反是真。莊公根本沒有離開鄭國，姜氏派人送給段的密情也被莊公的手下截獲，莊公留下這封信作為罪證，又假造了一封，差人送給了段。另一邊，公子呂的部隊早就埋伏在京邑附近，等段一離開，不費吹灰之力就端了他的老窩。

段命令回軍奪取京邑，但軍中許多人知道他這次是為了謀反，紛紛遁離或投向莊公。段見大勢已去，只好拔劍自刎。

莊公不願誅殺參與謀反的親生母親，只差人將姜氏寫給段的密信送還給她。姜氏無顏以對，悄悄離開了宮廷。

對弟弟奪權的野心和母親的所作所為，莊公了然於胸。但他並不憐骨肉之情，妥善調解，而是採用「引其發展，陷其不義，突發制人」的陰謀，先放縱他，任其胡為，爭取到臣心、軍心、民心後再置他於死地。

「豬養肥了再殺」的厚黑之法適用於能壓住局面的操縱者，其妙處是使對手盡力表演，輕敵大意，將己之放縱誤為無能，使他人因為對手的過分之行而忽略或寬容自己對對手的清算。

4・「沒人要的，我要！」

任何人都不想失敗，但其實它也有可能帶來一些意料不到的好處。按照爭取成功的思路所不可能得到的最佳結果，有時候竟被失敗挖掘出來，這叫作「因禍得福」。

失敗的犁鏵翻開黑土，將深埋地下的種種問題統統抖將出來。失敗逼著人們開動腦筋，去追尋失敗的原因。經營失敗了，你會想：是產品不對路、經營不得法，還是質量不過關？打仗失敗了，你會想：是力量不足、戰法不當，還是有內奸作怪？找到了失敗的原因，就是走向勝利的開端。

失敗是一位冷酷的老師。英國人曾驕傲地誇耀，他們「只想打贏一仗——最後一仗」。這說明在此之前，他們總吃敗仗。拿破崙戰爭、第一次世界大戰、第二次世界大戰的情形都如此。前面的一系列失敗，為最後的決定性勝利鋪平了道路。

在美國眾多企業家中，有一位傳奇式的人物，名叫保羅．道密爾。他專門收買瀕臨破產的企業。這些企業到了他的手裡，一個個都能奇蹟般地起死回生。

保羅．道密爾原是匈牙利人。第二次世界大戰期間，法西斯殺害了他的親人，他大難不死，從此養成了堅韌不拔的性格。一九四八年，21歲的道密爾懷揣5美元，漂洋過海，來到異國他鄉。

剛到美國的前18個月中，他變換了15次工作。後來，他在一家製造日用雜品的工廠裡受到老闆的賞識，老闆決定將工廠交給他管理。他幹得很出色。可半年之後，他就提出了辭呈，決定去當推銷員。

經過兩年的努力，他在推銷行當上取得了成功，收入相當可觀。再過一段日子，他就可能成為所在地區最富有的推銷員了。此時，他又果斷地丟下推銷工作，用多年的積蓄買下一家瀕臨破產的工藝品製造廠。

買下工廠之後，道密爾仔細研究了工廠存在的問題，針對這些問題，分別採取了處置措施。

一年之後，道密爾就實現了轉虧為盈，他的事業蒸蒸日上。不過，到了第五個年頭，他卻宣布「退休」了。又過了兩年，他從一家銀行手裡買下一家已經停工的玩具公司。

這家玩具公司是作為抵押品，由銀行接收下來。道密爾來到公司，仔細分析其經營失敗的原因，找出了解決辦法。經過短短六個星期的整頓，公司的面貌煥然一新。到了後來，在美國的工藝品和玩具業中，沒有人不知道保羅・道密爾的名字。

有人曾問道密爾：「為什麼總愛買下一些瀕臨失敗的企業經營？」他的回答很令人玩味：「別人經營失敗了，接過來就容易找到失敗的原因，只要把造成失敗的缺點和失誤找出來，並加以糾正，就可得到轉機，重新賺錢。」

道密爾成功的奧祕給人以深刻的啟迪：失敗之中包含了營造勝利的機會。問題只在於：你能不能發現機會並加以利用。

5・打亂敵人的如意算盤

人的思維具有一定的惰性，喜歡按習慣方式或常理去對事物做出判斷。高明的智者則善於克服這一惰性，並且充分利用這一點，構想反敗為勝的妙計。

非常時刻，需要採取非常行動。下圍棋時，一旦估計中，按正常的攻防手段已無法取勝，就要使用看似無理，實則暗藏殺機的厚黑手段，打亂敵人的如意算盤。軍事上，處於敗勢或已經遭受挫折的隊伍，多半只能從用奇上尋找出路，使敵人大出意料，摸不清虛實，整個局勢才有可能發生重大的轉折。

一七五七年4月，普魯士腓特烈大帝率軍進入奧地利境內的波西米亞地區，意在打破俄、法、奧、瑞等五國聯軍的戰略包圍，使普魯士軍隊從被動中擺脫出來。

5月6日，普軍在布拉格城郊擊敗了六萬奧軍，然後開始攻城。但是，奧軍的道恩元帥率領五萬援軍趕到科林附近，對普軍形成了夾擊之勢。腓特烈大帝分出三萬軍隊去阻擊援軍，卻遭到重創，損失了萬餘人。

科林的失敗，帶來了極其嚴重的後果：普軍被迫放棄對布拉格的包圍並撤出波西米亞，失去了扭轉戰略態勢的時間和空間。

此時，聯軍已逐步實現了戰略合圍。東面，八萬俄軍深入東普魯士境內，擊敗了二萬多普魯士守軍，打通了通向柏林的的道路；南面，由查理親王和道恩元帥指揮的十萬奧軍，乘著科林勝利的餘威，繼續加速推進；西面，由戴艾斯提斯元帥率領的十萬法軍和蘇比茲元帥率領的三萬法軍分別進佔哈默林要塞附近地區和普魯士境內的馬格德堡，距柏林已不算太遠；由約瑟夫親王率領的三萬餘駐在羅馬帝國的軍隊正配合蘇比茲元帥的法軍收復撒克森；北面，瑞典軍一萬七千人已開始在波美拉尼亞登陸。

腓特烈大帝面臨著從四面八方逼近的近四十萬敵軍的圍攻，甚至他自己也認為，此時想要贏得戰爭，如果按部就班，已不可能。只有採行出人意料的非常之舉，才能打亂敵人的如意算盤。

但名將之所以成為名將，就因為他們在最不利的情況下，也能積極地創造出扭轉局面的條件。

腓特烈大帝決心在聯軍還沒有完成合圍之前，爭取殲滅聯軍中最弱的一路——蘇比茲元帥率領的三萬法軍，然後再相機行事。於是，他留下四萬兵力，牽制南面的道恩元帥，又以十萬金幣收買李希留公爵（接替戴艾斯提斯擔任指揮）率領的十萬法軍按兵不動，自己親率主力西進，尋找蘇比茲會戰。蘇比茲卻不戰而退。與一萬五千多奧軍會合之後，他仍然避免決戰，致使腓特烈無機可乘。

在此期間，南面的普軍已被道恩元帥所率的奧軍擊敗，另一支奧軍乘虛攻佔了柏林。這時的形勢，對腓特烈大帝來說，已危急到最後邊緣。但他仍然毫不動搖地尾隨在蘇比茲這一路法、奧聯軍後面。

11月份，蘇比茲率軍退到一個堅固的新營地。腓特烈大帝派出騎兵突襲。但他很快發現敵方的這道營地過於堅固。於是主動後撤，企圖將法奧聯軍誘出陣地。

當時，腓特烈大帝所率領的普軍只有二萬二千多人，而蘇比茲元帥手下的法、奧聯軍有六萬多人。優勢的兵力反倒被弱小的敵人追得疲於奔命，這引起了部將的不滿。他們看到普軍不戰而退，更加堅信腓特烈大帝實際上根本沒有進攻的能力，只可能取守勢。蘇比茲在將領們強烈要求下，決定第二天發起進攻。

法、奧聯軍從上到下，都斷定普軍只能防禦而無力進攻。按照常規，普軍只有法、奧聯軍的三分之一，也只有依靠防禦彌補劣勢。但腓特烈大帝認為，在不該進攻時進攻，能夠產生出其不意的效果。因此，他果斷地馬上調整兵力，完成了進攻的部署。

盲目的蘇比茲還以為普軍的調動是為了一次更大的退卻，於是更加堅信普軍無力進攻。為了防止普軍「逃脫」，他命令加快迂迴和合圍的速度。

待聯軍迂迴到腓特烈大帝進攻部署的最佳位置，四千名普軍精銳騎兵以鋪天蓋地之勢殺來。沒有想到會遭到攻擊的聯軍亂作一團，紛紛潰散。這時，普軍的炮兵又以猛烈的炮火向聯軍的戰鬥隊形轟擊，聯軍官兵成批成批地應聲倒於血泊之中。戰鬥很快就結束了，一個小時後，法、奧聯軍就屍橫遍野。普軍僅以五百餘人的傷亡，重創了優勢之敵。

這一仗的勝利，不僅解除了來自西面法軍的威脅，還打亂了聯軍的如意算盤，將岌岌可危的普魯士從危難中解救出來。

6・利用矛盾，化被動為主動

神話故事中有一個鐵拐李。他的魂是岳壽的，身體則是小李屠戶的。

原來，呂洞賓發現岳壽頗有仙根，想收他為徒。岳壽死後，呂洞賓趕到閻王殿，請閻王讓岳壽還魂轉生。閻王翻了翻生死簿，說：「可惜，岳壽之妻已將其屍體焚化，無法還魂了！」

「這可如何是好？請看在我的份上，再查一查。」呂洞賓極力請求。

閻王又翻了一遍生死簿，隨後說：「大仙，鄭州春寧東關裡，老李屠戶之子小李屠戶已死，其軀體尚未冷卻，我們就借小李屠戶之屍還岳壽之魂，如何？」

呂洞賓答道：「妙極！」

就這樣，岳壽借小李屠戶之體而轉生，並跟隨呂洞賓脫離凡塵，化仙而去。

借屍還魂作為一條謀略，固然有許多表現形式，但其核心不外乎利用矛盾這個「屍」，還反敗為勝這個利用矛盾，化被動為主動「魂」。

三國之際，孫權採取了正確的策略，不但保住了江東，還成了三分天下之一的主人。他給自己的定位是「第三者」，通常不主動攻擊別人。但一旦有油水，決不放過。所以，三國之中，他用力最少，受益最大。

建安五年，18歲的孫權剛剛即東吳王位，見到魯肅，詢問方略大計。

魯肅道：「肅竊料之，漢室不可復興，曹操不可卒除。為將軍計，惟有鼎足江東，以觀天下之釁。規模如此，亦自無嫌。何者，北方誠多務也。因其多務，剿除黃祖，進伐劉表，竟長江所極，據而有之，然後建號帝王以圖天下，此高帝之業也。」

魯肅這番話，提出了孫吳在江東立國和發展的總體戰略。他指出，「漢室不可復興，曹操不可卒除」，故應對之道的具體步驟可以分為四步——

第一，鼎足江東，以觀天下之變。這在赤壁之戰後實現了。

第二，相機攻取荊州，盡占長江中下游地區。這在建安二十四年呂蒙襲殺關羽之後也實現了。

第三，建號稱帝。公元二二九年，孫權稱帝，也實現了。

第四，統一天下。最後一步，沒有實現。

孫權採魯肅的建議，作為基本國策。其後，在孫劉聯盟之下，終於形成了三國鼎立的局面。但是，此後主要是劉備和曹操兩人鬥來鬥去，他一般都在旁邊觀看，形勢有利時再動一下手。收復荊州，就是一次大手筆。

在荊州問題上，孫、劉兩家有著不可調和的矛盾。赤壁之戰後，兩家在荊州問題上的矛盾日益突出。後來劉備全力和曹操周旋，關羽也從荊州進攻曹操。孫權見形勢大好，就派呂蒙進攻荊州。糜芳、傅士仁叛降，關羽敗走麥城，被俘遇害，荊州遂為孫權奪去。

殺了關羽之後，孫權意識到即將面臨一場重大危機。為了防止蜀、魏夾擊，孫權首先力求避免和劉備生死相拼，不惜屈尊下就，向劉備求和，並做出一些重大讓步：將孫夫人送回成都，縛還糜芳、傅士仁，歸還荊州，希望重新與劉備「永結盟好，共滅曹丕，以正篡逆之罪。」

但劉備心傷關羽被殺之痛，斷然拒絕。孫權看到與劉備的決戰已不可避免，就立即向曹丕寫表稱臣。曹丕於是派使者到東吳，封孫權為吳王。當時許多大臣反對這樣做。但孫權不顧眾人阻撓，親率百官出城迎接魏國使者，恭順地接受了曹丕的封爵。

孫權這種策略，根本上扭轉了三國鼎立格局將被打破所帶來的嚴重後果，避免了曹蜀聯手攻來的滅頂之災，以策略的靈活性為軍事上的勝利贏得了時間和條件。後來吳蜀彝陵之戰，陸遜大敗劉備，使蜀軍元氣大傷，而曹丕始終保持中立，未來趁火打劫，便是他善於應變的結果。

劉備死後，諸葛亮恢復了孫劉聯盟，孫權重新當了「第三者」，坐視諸葛亮和司馬懿鬥法，繼續收借屍還魂之利。蜀國和魏國在戰爭中逐漸削弱，吳國則保持了發展和強大，乘機向遼東和海上發展，取得了成功。

7・智藏於愚，勇藏於怯

三國時，劉備後來成為一方霸主，與曹操、孫權三分天下。可在最初，他一度流落曹營，要不是善用以拙破巧之策，差點成了曹操的刀下之鬼。

劉備在小沛被勇將呂布打得大敗，失去了安身之所。萬般無奈，只好帶著關羽、張飛兩位難弟，依附在曹操帳下。按理，曹操完全可以找個岔子，將他殺了了事。可曹操是個惜才的人，對劉備手下的關、張二將十分器重，總想拉他們入夥，讓他們為自己打江山衝鋒陷陣。如若殺了劉備，就必然斷絕了關、張二人的歸曹之路。因而，曹操的打算是：將劉備留在身邊，等到時機成熟時才相機行事。

曹操這麼做，可謂老謀深算。但劉備也不是等閒之輩，他時刻防備著曹操的暗害。不過，在當時的形勢下，雖然明知曹營是虎穴，卻因無處可躲，只能硬著頭皮伴虎同行。為了不讓曹操看出自己胸有大志，不願久居人下，劉備裝出一副無心於政治權力的樣子。他在住處屋後開了一畦菜園，整日裡自鋤自灌，彷彿有這樣一種生活，已經心滿意足。

有一天，曹操請劉備赴宴。酒興正濃之際，忽然間空中烏雲翻滾，電閃雷鳴。曹操半是醉意、半是試探地藉機大發感慨。他望著空中的閃電，若有所思地說：「龍能大能小，能升能隱，好比人中英雄，一旦發跡，即可平步青雲。」忽然，他話鋒一轉，衝著劉備問道：「當今之世，誰能稱得上是英雄豪傑？」劉備早有戒心，當即回答：「袁術、袁紹、劉表等人是當今英雄。」曹操笑著表示不能贊同。他說：「只有那些胸懷大志、腹隱良謀，有包藏宇宙之機、吞吐天地之志的人才稱得上英雄。」劉備連忙反問：「那麼，誰是英雄呢？」曹操用手指了指劉備，又指著自己，狡猾地說：「方今天下，英雄只有使君與我。」

劉備一聽，心中大驚，以為曹操看破了自己的心思，嚇得手中的筷子都掉到了地上。幸好，一道閃電之後，一聲響雷也同時發出。他急忙掩飾道：「這雷電好不嚇人！」曹操不禁高興起來，大賣豪氣：「雷，不過是天地陰陽相撞擊而產生的聲音，有什麼可怕的？」劉備回道：「我從小就怕雷聲，一聽見雷聲，只恨無處躲藏。」曹操聽罷，心中暗自冷笑：「這劉備原來是徒有虛名的平庸之輩！」

果然，曹操對劉備放心多了。當曹軍和袁術軍交戰時，劉備請求率領一隊人馬去徐州截擊袁術，曹操也欣然應允。於是，劉備連夜打點行裝，督軍上路。關羽、張飛問劉備為什麼如此急急匆匆。劉備說：「我是籠中的鳥、網中的魚，這次有機會出去，如鳥上青霄，魚入大海，再也不受羅網的羈絆了。」

曹操的謀士郭嘉聽說曹操讓劉備領兵去攻打徐州，急忙勸阻：「劉備有雄才大略，深得民心，今授以兵權，更是如虎添翼，萬萬使不得。」一向深謀遠慮的曹操這回竟完全被劉備所騙，他回答道：「我看劉備一有空就種菜，連電閃雷鳴都嚇得驚恐萬狀，不像個成大事的人，沒什麼可憂慮的。」

劉備領兵離開曹營之後，便公開打出自己的旗幟。此後，他的隊伍逐步發展，成為一支與曹軍分庭抗禮的勁敵。曹操悔不當初，但為時已晚。

這就是「智藏於愚，勇藏於怯」的最佳典範。

8・燒棧道，表忠心

厚黑學共分三步功夫：第一步是「厚如城牆，黑如煤炭」；第二步是「厚而硬，黑而亮」；第三步是「厚而無形，黑而無色」。

劉邦可算得上「厚而無形，黑而無色」的厚黑高手。劉邦以克制忍讓，躲過鴻門宴的大難之後，戰爭暫時沒有爆發。後來，項羽功高蓋主，大封諸侯，將首先平定關中的劉邦「發配」到巴蜀，封了一個小小的漢王。面對如此霸道的行為，劉邦不但沒有公開反對，而且藏巧於拙，叫項羽吃了一顆定心丸。

事情的經過是這樣的：劉邦從鴻門逃回霸上之後幾天，項羽就領大軍進入咸陽，殺了秦王子嬰，燒毀了秦朝的阿房宮，做出一番是自己最後滅亡了秦王朝的架勢。然後，他向楚懷王請示，應該如何分封。沒料到楚懷王仍然堅持按彭城的協議辦事，要封劉邦為關中王。這使項羽大為惱火。

由於項羽在各路將領中實力最強，兵權在握，懷王也拿他沒有辦法。公元前二〇六年2月，項羽以王者之尊自居，無視於懷王的存在，大封諸侯，一下子封了18個之多。他自封為西楚霸王，占地9個郡，定都彭城。對於劉邦，項羽既記恨他搶先入關，又不便在他已表示臣服之際失信於天下，就以巴蜀也是「關中」為由，封他為漢王，佔有3個偏遠的小郡，建都南鄭。為了將劉邦永遠困在漢中，項羽又將秦朝的3個降將分封為王，佔有咸陽周圍地區，企圖以他們的力量阻止劉邦重返關中。

項羽封王，既超越了自己的許可權，又大失公平。由於是按親疏論賞，致使有些功勞大的將領未能封王而且封地偏僻。在各路將領中，要說委屈，最大莫過於劉邦，本應封王於土地肥沃，四野廣闊的關中，現在卻被打發到巴蜀。他有點按捺不住了，企圖訴諸武力，與項羽拼個你死我活。

蕭何勸道：「現在敵我力量懸殊，難免百戰百敗。我聽說，能夠屈於一人之下而取信於萬民的，只有湯皇武帝才能做到。希望大王先委屈受封，做個漢中王，然後以之為基地，富國強兵，招納賢士。待時機成熟，再還定三秦，爭奪天下。」

劉邦是個心懷大志之人，聽了蕭何提出的宏遠規劃，大為高興。但是，爭奪天下的企圖決不能讓項羽發現。項羽本就對劉邦心存戒心，封了三位降將加以防備，倘若再讓他知道劉邦「圖謀不軌」，那豈不是引火燒身。為了讓項羽徹底消除疑慮，劉邦進入漢中之後，就將所過棧道盡行燒毀。

棧道是漢、蜀通往關中的必經之路，非常險要。它是人們在懸崖陡壁上鑿孔架橋，聯結而成，正所謂：「連峰去天不盈尺，枯松倒掛倚絕壁……地崩山摧壯士死，天梯石棧相鉤連。」

燒了棧道之後，漢中與關中就成了互不相連的天地，等於是切斷了劉邦軍的東歸之路。這向項羽表明：劉邦只想偏安巴蜀，樂得當個逍遙自在的漢中王，不會再圖東進了。

項羽果然上當，放鬆了對劉邦的戒備。待各路諸侯返回自己的封地，不幾天，未被封王的將領首先起兵，聯合反楚。於是，項羽軍陷入了對各路諸侯的東征西討之中，無力西顧。後來，劉邦採納大將軍韓信「明修棧道，暗渡陳倉」之計，一舉平定了三秦，收復了關中。

這裡，劉邦燒毀棧道，是做給項羽看的，讓他以為自己胸無大志，疏於戒備。這個目的達到之後，只待機會到來，便立即採取行動。藏巧於拙只是一種手段，目的是為了實現更大的企圖。

9・讓人自動走進陷阱

孫臏指揮的兩次最有名的戰役都有一個特點，那就是從不與敵人正面交鋒，而是先算準敵人的去處，設好埋伏，引誘他們上當。他所使用的包圍，看起來像是守株待兔，笨得很，實際上卻是藏巧於拙，有實有虛，真正的目的是讓對手發現這個假包圍圈，然後自動走進真的包圍圈。

周顯王十五年（前三五四年），趙國侵佔了衛國的漆、富丘。衛國原是魏國的屬國，所以魏惠王以此為藉口，派龐涓為大將，率主力大軍長驅北上，包圍了趙國都城邯鄲，企圖一舉亡趙。趙都被圍，無力自救，趙國國君趙成侯遂於公元前三五三年，派使臣到齊國求救。

齊威王答應救趙，但沒有立即大舉出兵，而是先用一小部分兵力，聯合宋、衛兩國，南攻魏國的襄陵，與趙軍遙相呼應，以堅定趙國抗魏的決心。第二年，趙、魏兩國經過一年多的激戰，邯鄲已岌岌可危，魏軍也受到很大的消耗。而秦、楚兩國此時也從西、南兩個方向對魏國發動了一定規模的進攻。

在魏國幾面受敵的情況下，齊威王才令田忌為大將，孫臏為軍師，率八萬軍隊，大舉攻魏。出兵前，田忌和孫臏一起研究作戰方針。田忌的意見是直接北上邯鄲，與魏軍決戰，以解趙國之圍。

孫臏不主張硬拼。他說：「對亂絲只能慢慢梳理，見毆鬥只能善為分解。避實擊虛，因勢利導，避開敵人充實的處所，衝擊敵人空虛的地方，攻敵所必救，其圍必解。今魏王合力攻趙，精銳之軍全在境外，魏國境內只有少數戰鬥力不強的弱軍。所以，我們不如引軍快速直撲魏都大梁，截斷魏軍的交通線，衝擊其空虛之處，龐涓必然棄趙圍而回兵自救。這樣既能解趙之圍，又可兼收魏人之利。」

孫臏指出，「圍魏救趙」不能直來直去。可首先揮師南下，佯攻魏國的平陵，並在佯攻中佯敗。平陵是魏國東部軍事重鎮，兵多糧足，地形險要，易守難攻。佯攻平陵而佯敗，是為了迷惑、麻痺龐涓，在他心中造成齊軍指揮無能的假象，促使他繼續放心地圍攻邯鄲，進一步消耗其實力，而不急於回師。

田忌採納了這一建議。龐涓果真沒有回師自救，全力圍攻邯鄲。同時，魏惠王也沒有察覺到齊軍的真正意圖，在魏都大梁並未做任何必要的防禦準備。

周顯王十六年（前三五三年），龐涓攻克邯鄲。

這時，孫臏建議田忌，立即派一部分輕車銳騎，直驅大梁，以突然猛烈的「攻心」之勢，逼迫龐涓星夜回師，同時把齊軍主力埋伏在桂陵，準備截擊魏軍。

田忌依計而行，派兵突襲魏國的政治、經濟中心大梁。魏惠王驚恐不安，不得不急令龐涓，除了留部分兵力圍攻邯鄲之外，即刻率主力回援。

龐涓正在得意忘形，忽聽大梁危急，迫在眉睫，他又急又氣，恨不得一下子飛回大梁。於是他親率主力，棄輜重，兼程而返。但當他匆匆渡過黃河，到達桂陵時，就碰上早已埋伏在那裡的齊軍主力。由於魏軍久戰疲勞，損傷過多，又來不及休整，毫無準備，陷於「進則縛於前，退則絕於後」，「左右陷於阻」的四面包圍之中。齊軍則是早有準備，以逸待勞，佔有天時地利，掌握著戰爭主動權，士氣旺盛，兵鋒大振，所以不費吹灰之力就大破魏軍。魏軍幾乎全軍覆沒。

這就是傳誦千古的「圍魏救趙」桂陵之戰。戰後，魏惠王被迫請和。趙國終於從危亡中生存下來。

在這次戰爭中，孫臏運用大規模機動作戰的戰略，藏大巧於大拙，採攻其必救，以逸待勞的戰法，沈重地打擊了魏惠王橫行東方的銳氣，挫敗了他稱霸中原的企圖，充分顯示了指揮作戰的卓越才能，給齊威王進一步爭霸中原，奠定了基礎。

桂陵之戰後，魏惠王更加領悟了這一歷史教訓，所以積極開展同趙、韓兩國的外交活動，恢復了魏趙關係，並在韓國軍隊的協助下，先後擊敗秦、楚兩國的進攻，並解除了齊、宋，衛聯軍對襄陵的長期包圍。就這樣，惠王通過內部整頓、外部聯盟，很快恢復了元氣，繼續維持其中原霸主的地位。

但是，魏惠王是個自恃強大又缺乏深謀遠慮的君王，在通過聯合趙、韓，取得一些勝利之後，便忘記了歷史教訓，再度狂妄自大起來。

周顯王二十九年（前三四〇年），即桂陵之戰後13年，魏惠王又派龐涓率兵大舉攻韓，企圖一舉亡韓再取趙。魏、趙、韓三國聯盟崩毀。韓國是戰國七雄中比較弱小的一個，根本不是魏國的對手，連戰連敗，於是不斷派使臣向齊國求救。

齊威王召集群臣商議救韓問題。他認為這是奪取中原的大好時機。但眾臣各有主張。相國鄒忌表示，齊國應加強內部修整，不宜連年用兵，否則損傷太大，主張以不救韓國為好。大將田忌則說，如果不救韓國，弱小的韓國很快就會降魏，這樣將失去攻魏的戰機，對齊國稱霸中原不好，所以主張及早救韓。

兩人爭執不下。齊威王徵求孫臏的意見。孫臏認為，如果不出兵救韓，韓國就會降魏，魏國將更加強大，對齊國的威脅也隨之增大。因此，不救韓國，對齊國不利。但齊國的軍隊必須為齊國的利益而戰，如果過早出兵救韓，就等於由齊國代替韓國作戰，一旦兩敗　傷，到頭來，齊國還得聽從韓國的支配和擺布。因此，只有先答應救韓，讓韓魏兩國激烈拼殺，互耗實力，然後再出兵攻擊疲憊的魏軍，拯救危亡的韓國，這樣對齊國才有利。威王聽從了孫臏的建議。他熱情接待了韓國使臣，答應救韓，並鼓勵韓國全力抗擊魏軍。韓國由於得到齊國支援的許諾，精神振奮，英勇殺敵，卻因弱不敵強，五戰五敗，國家瀕於危亡。

齊威王按孫臏建議，抓住韓危魏疲的有利時機，再次任命田忌為大將，孫臏軍師，率兵攻魏救韓。這一次齊、魏交戰，魏惠王鑑於桂陵之戰的教訓，似乎早有準備，再也不敢讓魏軍在韓國戀戰，而是急忙伊龐涓調回，並命太子申為上將軍，龐涓為將，選精兵強將十萬，主動迎擊齊軍，企圖以雪桂陵之恥。

這一次，齊大將田忌仍然採取「直取大梁」，威逼魏都的攻心戰法，殺氣騰騰地向魏國而來。兩軍交鋒，魏軍陣勢逼人。孫臏料定這是一股有備之師，所以，此戰與桂陵之戰的形式大有不同，但主要謀略仍然是藏大巧於大拙，讓敵人自動走進陷阱。他冷靜地分析了敵我雙方的情況：「彼三晉之軍，素實悍而輕齊。我們正好利用他們這種輕敵心理，佯裝怯戰，因勢利導，誘敵取勝。兵法上說：走百裡去爭利，有使先頭部隊損兵折將的危險；走五十裡去爭利，也只能有一半的部隊到達。」

根據魏軍的弱點和地理環境，他建議採取「減灶誘敵，設伏圍殲」的作戰方案，即儘量避免與魏軍正面接觸，主動引兵後撤，在退兵途中，逐漸減少爐灶，藏巧於拙，以迷惑魏軍，使其驕而輕敵，誘其拼命猛追，以便設計圍殲。

田忌依計而行，齊軍與魏軍在大梁東部地區剛一接觸，即令齊軍佯裝怯戰，調頭退卻。魏軍求戰心切，率軍追趕。

第一天，龐涓追到齊軍紮過營的地方，發現齊軍營盤占了很大的地界。叫人數了一下做飯的爐灶，足夠供十萬人吃飯用。他深感不安。第二天，追到齊軍第二回紮過營的地方，他又派人數了一下爐灶，只有供五萬人吃飲用的了。他有些放心了。第三天，追到齊軍第三回紮過營的地方，一數爐灶，大約只剩下供三萬人食用的了。

龐涓從齊軍後退減灶的假象中，誤認為齊軍逃亡嚴重，便傲慢地說：「我知道齊軍一向怯懦。他們十萬大軍入魏，才三天工夫，就逃亡過半。這樣的軍隊是不堪一擊的。」於是，他棄步兵，親率輕兵銳軍，日夜兼程，窮追不捨。

龐涓在後面拼命追趕，田忌、孫臏卻在前面從容撤退。孫臏準確計算著魏軍的行程，判斷龐涓必然於某一天日落之後到達馬陵（今河南范縣西南）。馬陵地勢顯要，山高路窄，樹多林密，是設伏殲敵的好戰場。於是他下令停止撤退，在此埋伏，砍伐樹木，用來堵住道路，設置障礙，並且挑一萬名弓弩手，埋伏在馬陵道兩側的山林草莽中。他準備在此地殲滅敵人。

他讓士兵把路旁一棵大樹的皮刮去，在白色樹幹上刻了「龐涓死於此樹下」七個大字。重重埋伏準備就緒，孫臏吩咐士兵，夜裡只要一發現火光，就一齊放箭。

部署已畢，靜待魏軍。龐涓果然於夜幕時進入馬陵道。他見道路被樹木堵塞，便命令士兵下馬、下車，開出道路。忽然間，他好像發現一棵大樹上寫著什麼字，忙叫人點著火把觀看。他看清了樹上的七個大字後，慌然叫道：「不好！」

話音未落，齊軍萬箭齊發，勢如飛雨。魏軍被這突如其來的襲擊搞得暈頭轉向，陣腳大亂。他們被重重圍住，既無力抵抗，又無法逃跑，全部被殲。龐涓身負重傷，太子申被俘。齊軍乘勝追擊，大獲全勝，殲滅魏軍十萬人。

龐涓自知智窮力竭，身敗名裂，無法挽回全局，遂拔劍自刎。這個嫉賢妒能的小人仍不知悔悟，還憤憤不平地說：「真不該成就了孫臏那小子的威名！」

10．小敗不妨裝大敗

《孫子兵法》指出：「凡戰者，以正合，以奇勝。故善出奇者，無窮如天地，不竭如江河。」中國歷代兵家無不強調出奇制勝的重要性。歷史上也說明，只知恃勇，不知用智的將領很少能打勝仗。處於敗勢或敗境中的軍隊，要嘛智算不夠，要嘛力量不足、裝備太差或受其它偶然因素干擾。這時候，更要求指揮官能以高超的智慧予以彌補，力爭出敵不意，以奇制勝。

處於敗勢或敗境中的用奇，與一般情況下的用奇既有相同之處，也有相異之處，總的說來，難度更大。由於戰爭是鬥智的活動，當你遭到挫折而試圖另出花樣時，敵方可能也想到了這一點而早有戒備。

曹操在赤壁之戰失敗後落荒而逃，擺在眼前有大道和小道各一條：大道稍平，毫無動靜，卻比小道遠50里路。小道名叫華容道，坎坷難行，有數處煙起。曹操令兵馬走小道，下屬不解。他得意地說：「諸葛亮多謀，命人在山上燒煙，使我軍不敢從這條路走，他卻伏兵於大道等著。我豈能中他的詭計？」但當曹軍行到華容道時，卻被關雲長率領的伏兵攔住了去路。這使曹操大驚失色。原來，他的想法早已在諸葛亮的算計之中。由此看來，失敗後的用奇，應深諳在一定條件下「正可以為奇，奇也可以為正」的道理。

公元前二〇六年，項羽自立為西楚霸王並大封諸侯。因分封不公，那些未受封或封地不多的人非常不滿，很快挑起了戰端。戰火首先從關東地區燒起。據有實權但未被封的田榮領兵趕走了齊王田都，殺了膠東和濟北二王，自稱齊王。同樣未受封的陳餘便和田榮聯合，趕走了常山王張耳。項羽不能聽任這些人蔑視自己的權威，於次年正月，親率大軍征討。就在楚軍陷入東線作戰之時，西線的漢王劉邦乘隙而動，在項羽的後院放起火來。

劉邦聽從韓信的建議，襲占了三秦。為了麻痺項羽，他還放風說，他只想奪取關中，無意向東發展。項羽信以為真，一心只在東面的齊地用兵，致使後方空虛。劉邦則馬不停蹄，於3月攻佔了洛陽，歷數項羽的種種罪狀，號召各路諸侯起而誅之。4月，劉邦大軍攻陷彭城。

項羽得到彭城失陷的消息，雖然大為震驚，但他畢竟是一位能征善戰之將，很快便果斷地下了決心。他表面上不露聲色，避免讓劉邦覺察到他的反擊計畫，然後出奇兵殺一個回馬槍。

他暗中將齊地作戰的指揮權移交給部將，親自挑選了三萬精銳騎兵，悄悄地準備奇襲彭城。

此時，劉邦的大軍共有五、六十萬，分別布防在今天山東的棗莊、曲阜、鄒縣，江蘇的沛縣和安徽省碭山地區。項羽要以三萬之眾對付20多倍於己的敵人，幾無可能。但在軍事鬥爭中，最大的不可能中往往隱藏著最大的可能。項羽斷定，劉邦軍奪占了楚國國都之後，必然大加慶賀，疏於戒備，想不到遠在齊地的楚軍會突然殺回，此時正是實施突襲的最佳時機。

事實正如項羽所料。劉邦佔領彭城後，根本沒想到楚軍會迅速回擊，整日在項羽的宮內與美女、大臣們飲酒作樂，歡慶勝利，幾十萬大軍也毫無應戰的準備。

此時，項羽軍已擊敗了樊噲，乘著夜色，急馳猛進，包圍了蕭邑，拂曉時發起突擊。漢軍尋歡作樂後正在酣睡，突然見到楚軍殺到，哪裡還能抵抗，於是倉皇向彭城方向逃跑。項羽則率軍窮追不捨，迂迴到彭城以西，切斷了漢軍西退之路。

彭城漢軍遭到不意之攻擊，陣勢大亂，自相踐踏，亂作一團，僅在彭城近郊就被楚軍斬殺了十餘萬人，餘眾奪路南逃。

楚軍將漢軍追到今安徽宿縣靈壁城東睢水上，又斬殺了漢軍十餘萬。漢軍跳入睢水溺死的不計其數，致使睢水阻塞斷流。

亂軍之中，劉邦僅帶十餘名騎兵突圍逃生。

逃跑途中，劉邦遇到自己的家人，手下將他們載上車同逃。但楚軍緊緊追來，劉邦擔心被追上，竟狠心三次把兒女推下車，但三次均被夏侯嬰救起。劉邦的父親和妻子都被楚軍俘虜。

彭城之戰，項羽充分利用了不利之中的有利，借助己方的失敗所造成的敵方的麻痺，創造了一個以絕對之劣勢兵力扭轉全局的奇蹟。

11．打不贏，就故意露個破綻

從前，一位年輕的小寡婦想改嫁。公公為了阻止她，到衙門裡告她淫奔私逃，不守婦節。小寡婦非常聰明，立即想好了應付的對策。

第二天，在公堂上，她將一張紙條呈給縣太爺。縣太爺看完，當即將她的公公大罵一頓，並准許她改嫁。原來，紙條上寫的是：「16嫁，17寡，叔長而未娶，公公50尚繁華，嫁亦亂，不嫁亦亂。」意思是說：16歲嫁入門，17歲就守寡，現在小叔已經長大了，尚未娶妻，而公公也才50歲，仍是身強力壯，如果仍留在這個家庭，遲早會出事的……

還有一個真實的例子：春秋時，秦國大將孟明視率軍偷襲弱小的鄭國。行至半途，與趕著牛群去洛陽的鄭國商人弦高相遇。弦高看到國將有難，急中生智，一面派人回去報信，一面挑選20頭肥牛迎接秦軍。見了孟明視，他故賣破綻地說：「我們國君聽說您率師前來，特意派我趕來慰勞大軍。」

孟明視聽了大驚，以為鄭國早有戒備，於是便順手牽羊，滅了另一個小國，就班師回朝了。鄭國因此避免了一場大災難。

小寡婦和絃高都是靠著將敗就敗的智謀而挽救危局。戰場上，遇到挫折或失敗，指揮官考慮扭轉戰局的思路，除了從目標的選擇和戰法的運用兩個方面著眼之外，還可以從將敗就敗、利益取捨上尋求應變的措施。當看到敗已不可避免，就要承認並利用失敗。大體的原則是：要捨得丟棄局部的暫時性利益，從而爭取全局的長遠性利益。

小寡婦不惜名節，才爭取到改嫁的自由；弦高白送了20頭肥牛，才避免了國家的危難。這兩個將敗就敗的例子，都包含著故賣破綻，捨小取大的內容。

兵法上講的「兩害相衡取其輕」，謀略學用語中的「丟卒保車」，說的都是這個道理。

12．真正的功夫往往在局外

處於劣勢的己方直取敵人的心臟，固然可以以小搏大，但如果敵人把心臟保護起來，只露出一個屁股，怎麼辦？這時也可以以小搏大，但需借助另外的手段，比如借助於一針毒劑，打入豬的屁股，將豬殺死。正所謂：「功夫往往在局外。」

公元前二八四年，燕將樂毅統率燕、秦、楚、趙、韓、魏六國軍隊進攻齊國，於濟西大敗齊軍主力，半年內就攻克齊國70餘城，並斬殺齊王。

強大的齊國只剩下莒和即墨兩座城池，眼看就要亡國。在這緊要關頭，齊臣共立法章為王——即齊襄王，守莒抗燕。即墨的軍民在守將戰死之後，公推田單為將，繼續堅守。莒和即墨成了齊國軍民抗燕的堅強堡壘。

即墨是齊國的一座大城邑，土地肥沃，城池堅固。為了挽救危局，田單除了將自家的族兵及收容的殘兵七千餘人進行整編擴充外，還採取了很多措施爭取民心，鼓舞鬥志。他帶頭構築城防工事，編織草席，組織生產自救，還把族人、妻妾編入軍營，參加守城，自家囤積的糧食也全部拿出來供給士兵。即墨軍民在田單感召下，同仇敵愾，奮勇殺敵，頑強堅守了三年之久。

這時，燕國發生了變化。燕昭王死，他的兒子惠王繼位。惠王做太子時就對樂毅不滿，又見三年攻齊不克，更生懷疑。田單認為這是離間他們君臣關係的大好時機，立即派人潛入燕國，造謠說：「樂毅與惠王有怨，想在齊國為王，所以按兵不動，緩攻即墨。如果燕國另派主將，即墨城指日可下。」燕惠王不知是計，便派騎劫去取代樂毅，並召樂毅回國。樂毅害怕回去可能被殺，只好逃亡到趙國。

騎劫到任之後，田單針對這位新的敵將求勝心切、少謀易怒的特點，決心借助兵力之外的力量，謀求以少取勝。

首先，用計使騎劫行暴，以激起齊國軍民的公憤。他派人到燕軍中散布謠言：昔日樂毅仁慈，俘獲齊人不殺，所以城中無人懼怕；要是燕軍把俘虜的鼻子割去，齊人就害怕了。齊國的祖墳在城外，要是祖墳被挖，祖先受辱，齊人必然心寒，無心再戰。騎劫聽了這些話，真的把俘虜的鼻子都割了，又叫燕兵盡掘齊人的祖墳，燒屍焚骨。這樣一來，即墨城居民一個個義憤無比，紛紛要求拼死報仇。

士氣激勵起來之後，田單就著手進行反攻的準備。他命精壯甲士藏起來，而讓老幼婦女登城守衛，使燕軍產生錯覺，以為城中少壯已傷亡殆盡，無力繼續頑抗。然後，田單派人向燕軍詐降。為增強詐降的效果，他從民間收集了很多黃金，派即墨富豪送給燕將，求他們在齊軍投降後，不要傷害自己的族人和妻子。騎劫高興地接受了禮物，一心坐待受降，上下官兵更加鬆懈。

田單又派人將即墨城中的一千多頭牛集中起來，紡作絲綢外衣，繪上五彩龍紋，披在牛身上，並在牛角上束以鋒利的尖刀，牛尾上綁以浸透油脂的麻葦。又選了五千名壯士，各以五色塗面，扮成神鬼模樣。還命全城的人都準備好銅器，以便在奇襲時吶喊助威。一切準備就緒，田單選定一個夜晚，下令點燃牛尾上的葦草，放牛而出，五千名壯士隨後衝殺，城中老少敲打銅器，喊聲大震。燕軍官兵從夢中驚醒，亂作一團，潰不成軍，騎劫也在混戰中被殺。

奇襲勝利後，田單率軍大舉反攻，齊國民眾四起響應。不久，燕軍就被逐出齊國，齊軍收復了全部失地。

第五章

知人識人，
制人攻心術

I・製造對手的矛盾

春秋末期，齊簡公派國書為大將，興兵伐魯。魯國實力不敵齊國，形勢危急。孔子的弟子子貢分析形勢，認為唯吳國可與齊國抗衡，可借吳國的兵力挫敗齊國軍隊。於是子貢開始遊說之行，首先去見齊相田常。

田常當時蓄謀篡位，急欲剷除異己。子貢以「憂在外者攻其弱，憂在內者攻其強」的道理，勸他莫讓異己在攻弱魯中輕易主動，擴大勢力，而應攻打吳國，借強國之手剷除異己。田常聽了十分心動，但因齊國已做好攻魯的部署，轉而攻吳，怕師出無名。

子貢拍拍胸說：「這事好辦。我馬上去勸說吳國救魯伐齊，不就有了攻吳的理由嗎？」田常高興地同意了。

子貢趕到吳國，對吳王夫差說：「如果齊國攻下魯國，勢力強大，必將伐吳。大王不如先下手為強，聯魯攻齊。這樣，吳國不就可抗衡強晉，成就霸業了嗎？」

子貢馬不停蹄，又說服越國派兵隨吳伐齊，解決了吳王的後顧之憂。

子貢遊說三國，達到了預期目標，又想到吳國戰勝齊國之後，定會要挾魯國，魯國不能真正解危。於是他偷偷跑到晉國，向晉定公陳述利害：吳國救魯成功，必定轉而攻晉，爭霸中原。勸晉國加緊備戰，以防吳國進犯。

公元前四八四年，吳王夫差親自掛帥，率十萬精兵及三千越兵攻打齊國。魯國立即派兵助戰。齊軍中吳軍誘敵之計，陷於重圍，大敗，主帥國書及幾員大將死於亂軍之中。齊國只得請罪求和。夫差大獲全勝之後，驕狂自傲，立即移師攻打晉國。晉國因早有準備，擊退吳軍。

子貢充分利用齊、吳、越，晉四國的矛盾，巧妙周旋，借吳國之「刀」，擊敗齊國；借晉國之「刀」，滅了吳國的威風。魯國損失微小，終於從危難中解脫。

2・美人計無往不利

「美人計」也是一種反敗為勝經常採用的計謀。但此計的本質仍然是借刀殺人。因為美人手無縛雞之力，不善於提槍殺敵，難以力勝，只能巧笑倩兮，工於媚取，借用他人之刀達到自己的目的。

東漢末年，群雄紛起。靠鎮壓農民起義軍發家的董卓領重兵進入洛陽，擁立漢獻帝，自任相國，統攬軍政大權。董卓其人，頗有武藝，殘暴專橫，目無天下英雄。公元一九〇年，十八路諸侯公推司隸校尉袁紹為盟主，聯兵討董。

狡猾的董卓首先迫使獻帝遷都長安，然後將洛陽洗劫一空，率兵西向。各路諸侯由於心懷異志，矛盾紛起，不但沒有乘勢而進，反而互相攻伐起來。一場轟轟烈烈的討董戰爭以失敗告終。

董卓依然專權，繼續濫施殺戮，絲毫不將獻帝放在眼裡，其篡位之心也日見明

顯。司徒王允眼見漢室衰微，國家將落入獨夫之手，心憂如焚。

一日，王允在後花園散步，忽見一少女似天仙般從眼前飄過，靈感頓現，暗喜道：「啊，有了！老賊可除，大漢江山有救了！」他趕緊小跑幾步，叫住少女，納頭便拜。那少女見王大人跪倒在自己腳下，大吃一驚，心想：這位平日裡愁眉苦臉的司徒大人莫非是個老色鬼不成？她慌忙伏地喊道：「大人，大人，快快請起！」

「姑娘無論如何要答應我一件事。」王允再拜。

少女的淚水奔湧而出，自嘆命苦。原來這少女名叫貂蟬，家境貧寒，自幼被選入王府練習歌舞，年方16歲，色藝雙全。她想：「素日王大人待我如父，我有今日，全仗大人提攜。他既有虎狼之心，也不可不從了！」於是萬般無奈地說：「我答應就是了！大人請起。」

王允這才轉悲為喜，牽著貂蟬的手站起來。細一打量眼前的少女，果然是杏眼細腰，楚楚動人。「有一大事，想求你去辦。想必你也知道，賊臣董卓把持朝綱，心懷篡位之心。他有一驍將呂布，英勇善戰，十八路諸侯起兵討董，都為其所敗。董、呂二人已認為義父、義子，但都是好色之徒。我早想為國為民除害，苦無良策。今想行美人計，挑動二人翻臉，叫呂布殺了董卓。請你幫忙，並非我有意把你投入火坑，實在是走投無路，才出此下策，還望姑娘萬勿推卻！」

王允鄭重地說了這番話，把貂蟬感動得淚又湧出，因為她不僅生得豔麗，而且深明大義。她見王司徒是為了國家大事，來給自己這個歌伎下跪，心中湧起崇敬之情，連忙鄭重地說：「妾能為國分憂，雖萬死不辭，何惜一身清白。」

王允大喜，深深再拜。

第二天，王允差人給呂布送去一頂嵌有幾顆明珠的金冠，說是久仰英雄大名，盼望能交個朋友。呂布見堂堂司徒大人竟給自己這個相府手下的將軍送禮，高興萬分，便親到王府致謝。

王允設宴，殷勤招待，並叫出貂蟬，要她在一旁敬酒。呂布一見貂蟬，眼都睜不開了，心想：世間哪有這般嬌豔的女子，莫非是做夢不成？愣了半晌，才唐突相問：「這是哪來的美女？」王允回答：「這是小女貂蟬。允久聞呂將軍大名，特叫小女相見，陪將軍痛飲幾杯。」

呂布咧開大嘴，連聲稱謝。貂蟬則使出渾身解數，一邊敬酒，一邊秋波暗送，直引得呂布如醉如痴。

酒至半酣，王允笑對呂布說：「自古英雄配美人。我有心將小女送予將軍，不知將軍意下如何？」呂布一聽，哪還能說個不字，慌忙雙膝跪下，給未來的岳父大人叩頭。王允將他扶起，說是早晚選一良辰吉日，將小女送到府上。

過了幾天，王允上朝時遇見董卓，趁著旁無他人，悄悄地說：「恩相，近日我府上新添了幾名美艷歌伎，想請您一同飲酒欣賞，不知可肯光臨。」董卓早聽說司徒府裡養有一國色天香的佳人，王允這一邀請正中下懷，所以滿口答應。

董卓見了貂蟬，比呂布更迷。他把相國的威嚴丟在一邊，恨不得上去就摟。貂蟬做出一付嬌聲浪氣的樣子，把杯敬酒，卻不讓他碰著。喝了幾杯，董卓不無豔羨地對王允說：「如此美色，只應天上才有。」王允不失時機地回答：「蒙恩相見愛，是她的福分。今欲將她獻給恩相，不知可願接納？」董卓聽了，開懷大笑，樂顛顛地說：「司徒果然有此美意，那老夫多謝了！」

當晚，董卓就將貂蟬帶回相府，隨即迫不急待地支開眾人，獨享美色。

呂布聽說相國從司徒府裡帶回一個美人，不知是誰，想去看看，又怕攪了義父的好事。挨到第二天早飯後，匆忙趕到，卻被侍衛攔住：「相國和新人尚未起床，請將軍留步。」呂布無奈，又等到中午，仍不見動靜，他就潛到後房窺望。

貂蟬早已看見呂布。她掀開窗簾一角，緊鎖雙眉，淚流滿面。呂布只覺得新人十分面熟。仔細一看，不料竟是貂蟬，當即轉身朝王允府奔去。

呂布見了王允，厲聲責問：「司徒既以貂蟬許我，怎麼又送給了相國！」王允早就料到，不慌不忙地解釋了一番：「昨日相國到我家閒談，偶然提起已將小女許配將軍一事，相國非要見見未來的兒媳。誰知見了，他就要帶小女回去與你完婚，我哪敢違抗？怎麼，將軍不曾見到小女？」

「昨夜相國已和貂蟬同床共枕了！」

「什麼……竟有這樣的事？」

「是我親眼所見！」

「唉！害苦我兒了！想不到相國竟不把將軍放在眼裡，連兒媳都要強佔！」

呂布怒氣沖沖地馬上要去和董卓拼命，卻被王允勸止住。他勸呂布從長計議，切不可魯莽從事。

過了一段時間，呂布聽從王允的吩咐，尋個機會，一戟要了董卓的老命。

王允終於借呂布之刀殺了董卓，開啟了東漢末年以至三國時代的爭霸局面。

3・讓敵人自廢武功

挑撥離間之計大多是封建官僚之間爾虞我詐，相互利用的一種厚黑權術。用在軍事上，主要體現在善於利用或製造敵人內部的矛盾，達到取勝的目的。

皇太極就頗具使用挑撥離間厚黑之計的天賦。

努爾哈赤父子率十數萬滿兵，聲勢浩大，銳不可擋，進犯明朝，志在必得。

明天啟六年，努爾哈赤親自率部攻打寧遠，以十三萬之眾圍攻寧遠守兵萬餘人。十三比一，力量懸殊。

寧遠守將袁崇煥身先士卒，奮勇抗敵，擊退滿兵三次大規模進攻。明軍的奮勇抵抗，力挫驕橫的滿兵。袁崇煥乘滿軍氣餒之時，開城反攻，追殺數十里，擊傷努爾哈赤，滿軍慘敗。努爾哈赤遭此敗績，攻佔明朝的壯志難酬，羞愧憤懣而死。

皇太極繼位，第二年，又率師攻打寧遠。這一次袁崇煥早有準備，皇太極再度兵敗而回。

又經過幾年準備，皇太極再次攻明。崇禎三年，他避開袁崇煥守地，由今內蒙越長城，進攻山海關後方，氣勢洶洶，長驅直入。袁崇煥聞報，立即率部入京勤王，日夜兼程，比滿兵早三天抵達京城的廣渠門外，做好了迎敵的準備。滿兵剛到，即遭迎頭痛擊，先鋒狼狽而逃。皇太極視袁崇煥為從未有過的勁敵，又忌又恨又害怕，成了他最大的心病。

為了除掉袁崇煥，他絞盡腦汁，定下挑撥離間之計。

他深知明帝崇禎猜忌心特重，難以容人。於是祕密派人用重金賄賂明廷宦官，向崇禎告密，說袁崇煥已和滿州訂下密約，故此滿兵能夠深入內地。崇禎勃然大怒，將袁崇煥下獄問罪，並不顧將士吏民的請求，將袁斬首。此後，在與明軍的作戰中，皇太極再也沒有遇到袁崇煥這樣的勁敵了。

挑撥離間，是在本身沒有辦法時，借用外部力量應付危局的一種謀略，它比「借牌擋箭」更厲害。「借牌擋箭」只是拉來第三者充當犧牲品，以保障自身的安全，「挑撥離間」則直接把矛頭指向對手，假對手之力，將強敵置於死地。

俗話說：千軍易得，一將難求。國強必有賢臣，兵強必有良將。對付強國強兵，在刀光劍影的戰場上硬打硬拼，難免會碰到許多失敗。此時，如若不能迅速改弦更張，換一個思路，重想辦法，那就只能一敗塗地了。

想出新的辦法並不難。你不是有賢臣良將嗎！我叫你心存疑懼，見賢而妒，雖有良將而不用，或者乾脆讓這些賢臣良將統統頭顱落地。果能如此，豈不萬事大吉？這叫「釜底抽薪」。難就難在怎麼個「抽」法上。既是賢臣良將，必有滿腹韜略，才智過人，區區雕蟲小技，自然瞞他不過。

從古至今，以「反間計」而力挽狂瀾的比比皆是。這種方法看起來過於奸詐，為道義先生所不齒。但比起戰場上刀槍見紅來，總要省事得多啊！

4・怎樣拔掉眼中釘，排除異己

劉邦破咸陽，捉子嬰，還軍壩上，秋毫不犯。范增千方百計，總想把他置於死地，心子之黑，也同劉邦彷彿；無奈臉皮不厚，受不得氣，漢用陳平計，間疏楚君臣，增大怒求去，歸來至彭城，疽後背死。大凡做大事的人，哪有動輒生氣的道理？「增不去，項羽不亡。」他若能隱忍一下，劉邦的破綻很多，隨便都可以攻進去。他忿然求去，把自己的老命、項羽的江山一齊送掉，因小不忍，壞了大事。

陳平使用的反間計，其經過是這樣的：劉邦、項羽圍繞著滎陽展開激烈的爭奪戰。劉邦富有戰略頭腦，但戰場上擺兵布陣，遠不是項羽的對手，因而常打敗仗。這一回，劉邦又被項羽圍在滎陽城中，危在旦夕。

為了麻痺項羽，慣耍無賴的劉邦派部下蕭何為使，到楚營乞求和談。蕭何見了項羽，大誇其英武神明，送了不少分文不值的高帽子。項羽非常高興。

蕭何見時機已到，便轉動如簧之舌，隨口說道：「劉邦被封為漢王，早已心滿意足，哪敢與項王分庭抗禮。就是打下去，量也不是項王的對手。現在漢王已認識到這一點，願意講和，劃滎陽為界，各守東西，共享富貴。」

項羽雖然不止一次上過劉邦的當，可就是不記取教訓。他想，滎陽攻了幾日還未攻下，劉邦的勢力已比從前大長，韓信又善於用兵，不如及時講和，等以後再戰不遲。他正欲答應和談，卻被謀臣范增勸阻。

范增說：「這是那個小人的緩兵之計，意在拖延時間，專等韓信的救兵。我們必須加強攻勢，先破滎陽，殺劉邦，然後再消滅韓信。請大王務必三思。」

劉邦的如意算盤就這樣被范增給攪掉了，為此氣惱萬分。眼看滎陽難保，他絞盡腦汁，卻想不出任何對付的辦法。這時，陳平向劉邦耳語了一番。劉邦當即大喜，命他趕快去辦。陳平約來蕭何，面授機宜，讓他二次使楚。

蕭何第二次見到項羽，還是先灌蜜湯，直捧得項羽飄飄然。談到投機處，他才推心置腹地說：「項王是當今蓋世英雄，一些重大問題當然應該自己決斷。任何臣子提出的意見，都難免不帶私心。從項王的切身利益看，現在劉邦是困獸猶鬥，逼得太甚，反遭不測；而且韓信的幾十萬援兵很快就會趕來，到時來一個內外夾攻，那可太危險了。您左右的人不願和談，只是想用您的英名作賭注，好博得個封官加位。再說，戰爭已打了多年，如能化干戈為玉帛，老百姓就會對您感恩戴德。和談能為您贏得民心，這是多大的勝利！項王要是懷疑漢王沒有誠意，派幾個楚使去試探一下，不就可以了嗎？」

項羽聽了這番話，覺得非常順耳，當即答應下來。范增再三勸阻，他都不聽，硬是指派虞子期為使，前去漢營試探。

這一「試探」，就中了陳平早已設好的圈套。

虞子期帶領幾位隨從，以勝利者的姿態進入滎陽城。聽說劉邦喝醉了酒還沒起床，就找一個旅館安頓下來。他派手下人前往漢營通報，並命其暗中刺探軍情。

張良和陳平接見了這位楚使。他們不問和談一事，只是殷勤地恭維，以好酒好菜盛情款待。席間，張、陳二人你一句我一句，著實將范增大讚了一番。酒至半酣，陳平悄悄附在楚使耳旁問道：「范亞父有什麼吩咐？」楚使回答：「我是項王派來的，不是亞父所派。」張良、陳平故作面面相覷的樣子，驚訝地說：「我們以為你是亞父派來的！」說完便叫來一名小卒，讓他將楚使帶到另一處簡陋的房間，改以粗茶淡飯招待。

過了兩日，蕭何告訴虞子期，劉邦要召見他。

蕭何帶著虞子期進了一間密室，見漢王不在，他對虞子期說：「虞大人稍等片刻，我去看看漢王準備好了沒有。」虞子期見室中無人，正是刺探情報的好機會，趕緊將桌上的一堆密件拿起來翻閱。忽然，他的目光被一封信件吸引住了。那是亞父范增的筆跡，信中寫了為劉邦如何作內應，共破項羽之類的話。虞子期非常吃驚，心中暗想：最近風聞亞父暗中通敵，我還不敢信，原來竟是真的。

他慌慌張張地將那封信揣進懷裡，又將其餘密件放好。

漢王召見了虞子期，又說了一番願意和談的話，叫他回去轉告項羽。

虞子期回楚營交差，如實將劉邦的話重覆了一遍，又悄悄地將張良、陳平對他的態度以及偷來密信一事報告了項羽。

項羽看完信，大怒不已，立即召來范增對質，說是若查出屬實，決不輕饒。范增被鬧得莫名其妙，等見了信，便告訴項羽：「這是陳平的毒計，想離間我們君臣的關係。」項羽不信，立即貶范增為民。

一直忠心耿耿，為項羽出謀劃策的范增竟落得這樣的下場，心中憂憤難平。於是打點背包，啟程回鄉。沒想到走到半途，背上生了一個毒瘤，送掉了性命。

項羽一聽說范增死了，非常後悔，卻已經來不及了。

5・敢於當面批評你的肯定是自己人

臣民規勸或批評君王，叫作「諫」。君王接受規勸或批評，叫作「納諫」。敢諫的臣民一般都剛正不阿，以國事為己事，國家有難時，一定會挺身而出，為國出力；善於納諫的君王一般也都較為開明，樂於約束自己的言行，避免使自己的貪欲凌駕於國家之上。如果能有這樣的君王和臣民，則這個國家一定能上下同心，並力一向。即使這個國家一時處於危難之中，也必定能渡過危機，反敗為勝。國家如此，軍隊和企業也同於此理。

李宗吾說：「三人行，必有我師焉。擇其厚黑者而從之，其不厚黑者而改之。」能夠虛心聽取別人的批評，是學習厚黑的一種普遍方式。

唐太宗即位時，唐朝雖已建立十年，由於前隋煬帝的殘暴統治和多年嚴重戰亂的破壞，社會經濟仍然凋敝不堪。然而，在太宗即位後不長時間內，社會經濟便得

到了恢復和發展，出現了政治清明，社會秩序相對穩定，國家逐步強盛的局面，使貞觀時期成為中國封建歷史上的「盛世」。太宗能夠取得這樣大的政績，其中一個重要原因就是他在貞觀前期和中期善於納諫。

唐太宗曾說：「我少年時就喜愛弓箭，得到良弓幾十張，自以為再不會有更好的弓了。近來拿給工匠看，工匠說它們都不是良弓。我問他原因。工匠說，木心不直，自然脈理都斜，弓雖然硬，發箭卻不能直。我這才知道以往的鑑別不夠精確。我以弓箭定天下，尚且不能真正識別弓箭的優劣，何況天下的事，我怎可能都懂得。」有一次，他問魏徵：「君王怎樣才算明智，怎樣才算昏暗？」魏徵回答：「兼聽則明，偏聽則暗。」他十分贊同。於是，鼓勵大小官員積極進諫。

俗話說得好：「良藥苦口利於病，忠言逆耳利於行。」這的確是一句至理名言。如果是朋友，他們會本著愛護的原則，以為我們好為出發點，直言不諱地指出我們的缺點和錯誤。而我們因為信任朋友，會看在朋友的面子上，慎重考慮他們所提出的任何逆耳之言。即使我們起初並不理解，但終將會理解的。不過，如果是看不起你或與你不相干的人向你提出逆耳之言，請在憤怒之餘，清醒一下：這些敢於批評你的人都是為你好的人，那些陰險的小人絕不可能指出你的錯誤。從這個意義上說，那些敢於批評你的人都是自己人。

我們應該清楚，我們從一個粗野但說老實話的人身上所學到東西遠比從一個只知一味奉承的人身上學到的東西多得多。當某人批評自己時，一定要心裡明白「良藥苦口」的道理，就算他的批評很魯莽，很不客氣，也還是可以利用它來改進自己。因為別人的批評是極其可貴的，它可以讓你更清楚地認識自己，從而進一步改正自己，讓你不至於在你原有的位置上停滯不前。

請善待每一個向你提出逆耳忠言的人，並請善待每一句批評你的話。

6・讓人願意為你賣命

投身官場的人，追求的核心便是一個「官」字。有了官便有了權，有了權便有了一切。利用官職駕馭、控制臣下，歷來是最高掌權者手中的法寶。在長期實踐的過程中，他們對於官職的分配，高低順序的排列，封給的對象、時機、手段，都有著一套匠心獨運的厚黑機謀。

劉邦當了皇帝以後，開始大封功臣。蕭何被賞賜的地盤最大。那些戰功赫赫的武將不服氣了，質問道：「我們這些人出生入死，多的身經百餘戰，少的也不下數十次。蕭何並沒有汗馬功勞，只不過寫寫文書，發發議論，他的名次還排在我們前面，這是為什麼？」劉邦說：「你們都看過打獵吧？打獵時，追殺野獸的是狗，而放出獵狗，指示野獸藏身之處的是獵人。你們這些人立功，只不過是像獵狗罷了；至於蕭何，他就是那指示方向，放出獵狗的獵人。你們怎能和他相比？」武將們聽了，個個啞口無言。

到後來，給十八名功勞最大的功臣排列名次時，武將們一致推舉曹參為第一。他們的理由是：「曹參身經百戰，受傷達70餘次，攻城奪地最多，功勞最大，應當排在第一。」劉邦身邊有個專會討好奉承的官員，最瞭解劉邦的心思，他反駁道：「你們說的都不對！曹參雖然有攻城略地的功勞，那只不過暫時的事。陛下與項羽打了五年仗，多次喪師失利，隻身出逃，而蕭何不斷從關中輸送兵員，有時多達數萬人；陛下經常食盡糧絕，是蕭何源源不斷地提供糧草補給，使部隊無衣食等後顧之憂；陛下多次失去所佔領的土地，是蕭何為陛下保留了關中這塊根據地。這都是不朽的大功。大漢朝的建立，不是非得曹參這樣的人不可。你們怎能因為曹參一時一地的功勞而要壓倒蕭何不朽的大功呢？蕭何第一，曹參次之。」劉邦立即表示同意：「說得太對了！」

於是，蕭何成了西漢開國第一大功臣。

劉邦在封賞方面雖然比項羽大方，卻也不是胡封濫賞。

他封賞功臣，固然照顧功勞的大小，更主要的還是考慮到國家的長治久安。這是他、也是以後歷代王朝封官時的一個基本原則。戰爭結束了，新建的王朝處於一個新的歷史時期，即鞏固發展時期。早在戰爭後期，有個儒生便對劉邦說：「你能從馬上得天下，也能從馬上治天下嗎？」

的確，在新的歷史時期，那馬上馳騁，血海中廝殺，幫他奪得天下的武將，其重要性顯然降低了；而且這些人桀驁不馴、反覆無常，有點不如意便耍弄刀槍，甚至揭旗造反，也不能讓他們當太大的官，掌太大的權。至於文臣，他們在新的歷史時期，重要性明顯提高；而且，這種人即使官職高一些，權力大一些，一般情況下，也不會有太大的危險。這就是劉邦在大封功臣時，重文抑武的主要原因。

這看起來的確很不公平。可是，在歷史、官場上，哪有多少真正的公平？上司要的還不是：「哪些人肯為我賣命？」

7．用人必先知人

人是世間萬物最具變化、最為複雜的動物。用人有道，則人才濟濟，人盡其才，可反敗為勝；用人無謀，則盡無可用之人，雖勝猶敗。可見，識人之謀略是何等重要。「世間千里馬常有，而伯樂不常有。」我們身邊到處都是人才，每個人身上都有可取之長處，就看用人者是否用心去發現。

用人必先知人，知人必具慧眼。慧眼，知人之謀也。知人之謀須不被外表迷惑，不依常規常理，不問英雄出身，只重德才兼備。知人運謀，方可識才，方可得才。對人瞭解得越透徹，越能慧眼識珠，越能發現淹沒在人群裡的「千里馬」。知人，是發現人才的基本功，也是成就事業的第一招。

據說，李鴻章曾帶三個人去拜見曾國藩，請曾國藩給他們分派職務。不巧曾國藩散步去了，李鴻章示意那三個人在廳外等候。不久，曾國藩散步回來。李鴻章說明來意，請曾國藩考察那三人。曾國藩說：「不必了。面向廳門，站在左邊的那位是個忠厚人，辦事小心，讓人放心，可派他做後勤供應一類的工作；中間那位是個陽奉陰違、兩面三刀的人，不值得信任，只宜分派一些無足輕重的工作，擔不得大任；右面那位是個將才，可獨當一面，將來作為不小，應予重用。」李鴻章很吃驚，問道：「還沒用他們，您是如何看出來的？」曾國藩笑道：「剛才散步回來，見廳外有三個人。走過他們身邊時，左邊那個低頭不敢仰視，可見是個老實、謹慎的人，因此適合做後勤供應一類只需踏實，無需多少開創精神和機變的事。中間那位，表面上恭恭敬敬，可等我走過之後，就左顧右盼，可見是個陽奉陰違的人，因此不可重用。右邊那位，始終挺拔而立，如一根棟梁，雙目正視前方，不卑不亢，是一位大將之才。」

曾國藩所指的那位「大將之才」便是淮軍勇將，後來擔任臺灣巡撫、鼎鼎有名的劉銘傳。由此可見曾國藩的識人之術實在了得。

公元前三七八年，衛侯向左右徵詢意見，請他們舉薦能夠統兵禦敵的將才。子思說：「苟變這個人很有軍事才能，可以擔當重任。」衛侯稍加思索，搖頭道：「我知道他是個將才。但我聽說他在向百姓徵收田賦時，曾經吃過人家兩個雞蛋，所以不能用他為將。」子思不同意這種看法，但又不便直接頂撞，於是發了一段妙趣橫生的議論：「聖明的君主用人，好比木匠用木料，取其所長，棄其所短。合抱粗的大樹，雖說爛了幾處，但好木匠決不會因此把它全部丟掉。」

衛侯聽後，略有領悟，催著子思快說下去。於是子思進言道：「現在正是諸侯爭霸，戰火不斷的年代，我國又兵微勢弱，屢遭外侮。在這種情況下，怎麼能因為兩個雞蛋而丟棄一員捍衛社稷江山的大將呢？」

衛侯覺得子思講得很有道理，便立即採納他的意見，啟用苟變為將。

俗話說：金無足赤，人無完人。一點疤痕都沒有的木料是沒有的。要是有了一點疤痕，就完全廢棄，那就既不會有精美的家具，也不會有華貴的房屋了。人也是有所長，必有所短。王昭君是個大美人，可在宮廷之中，人際關係不怎麼好；巴頓將軍驍勇善戰，可脾氣粗暴，常常不受節制；甘迺迪總統年輕有為，丘吉爾首相才華橫溢，可這兩個人都有各自的怪僻。要是有點缺陷就一棍子打倒，那天下哪還有可用之人？

不以小節棄英豪，平時就應該這樣，危難之中、失敗之時更應該這樣。既然拯

救危局，反敗為勝，在很大程度上要依靠傑出人才的努力，而一切人才又都存在著這樣那樣的缺點，那麼，以微瑕而棄白玉者，豈不是自尋末路？

但是，在群雄紛爭，勝負未定的年代，如果哪個國家敢於這麼做，那就危險了。諸葛亮因為對自己的手下過於求全責備，致使三國中蜀國最先滅亡。「水至清則無魚，人至察則無徒。」諸葛亮寫過不少選將、用將的文章，他自己在這方面卻失誤很多。馬謖曾獻「攻心為上」之策，幫他平定西南，可馬謖丟了街亭之後，卻被他要了腦袋；劉封本是一位勇敢的戰將，不過「剛猛難制」，常常自作主張，他竟勸劉備找岔子將其處死。魏延喪命，最冤枉不過。這個人有雄才大略，常出奇謀，諸葛亮卻長期懷疑他可能造反，直到自己臨終時，還念念不忘要將這個劉家天下的「心腹大患」除掉。

與諸葛亮恰恰相反，曹操用人從不求全責備。他提出了「舉賢勿拘品行」的口號，大膽啟用了一些「負污辱之名，見笑之行，或不仁不孝而有治國用兵之才」的人。因此，從人才戰的角度說，諸葛亮絕對是輸給了曹操。

8・領導者要有容人之量

就一般意義說，人才不可或缺；到了非常時刻，遇到困難、挫折和失敗時，就更顯出傑出人才的重要。歷史上，不乏於危難中得一謀臣或一將才而力挽狂瀾的例子。劉邦被困在漢中時拜韓信為將，才有垓下滅楚，一統天下的結局。劉備在無立足之地時請到了諸葛亮，才能三分天下得其一。

劉邦登基後曾說：「夫運籌帷幄之中，決勝千里之外，吾不如子房；鎮國家，撫百姓，給餉饋，不絕糧道，吾不如蕭何；連百萬之眾，戰必勝，攻必取，吾不如韓信。三者皆人傑，吾能用之，此吾所以取天下者也。」

在當時眾多起義軍中，劉邦的勢力起初非常微弱；即使到了可以與項羽爭天下的時候，也還常常被西楚霸王逼得走投無路。在這困境危難之中，他始終抓住一點——「人傑」。正如他自己所總結的，有了張良、蕭何、韓信等這樣一批傑出人才，他的勢力才能夠由小到大，由敗轉勝。

「常格不破，大才難得。」一支處於敗境中的軍隊，在啟用人才方面，必須打破一切常規，「唯才是舉」。平常時期，由於形勢四平八穩，制訂出一些條條框框，作為人才晉升的標準，或有必要。可到了危難之時，繼續這麼做就太危險了。非常時刻要有非常的生才、取才、用才之道。

有時候，當人們遇到了挫折和危難時，很容易產生這樣的悲嘆：可惜少了一些力挽狂瀾之人啊！其實，這還是受了平常那些陳規腐見的遮擋，看不到傑出人才的存在。如果一掃原先那些論資排輩、任人唯親、拉幫結派的做法，就會發現：珍珠不是沒有，而是身陷污泥，不得閃光之機。

三國時期的曹操在用人這方面做得非常出色。徐歙、毛暉原是曹操的部將，在兗州之亂中背叛。後來，曹軍將他們抓獲，押送到曹操面前，請曹操發落。曹操念他們都是難得的戰將，不究其罪，還任命他們當了郡守。張繡曾多次與曹操交戰，失敗後表示歸降。可過了不久，他又起來造反，不但殺了曹操的親兵都尉典韋，還在亂軍之中斬了曹操的長子曹昂和侄子曹安民。曹操在這一仗中被打得非常狼狽，中箭受傷。對於這樣一個有「殺子傷身」之仇的人，曹操仍然寬以待之。當曹操與袁紹於官渡決戰時，為防兩線作戰，他還是派人招降張繡，封其為揚武將軍，並讓兒子娶了張繡的女兒，結為兒女親家。

在這兩個人之前，還有一個齊桓公重用仇人管仲的例子。

公元前六八六年，齊國因襄公昏庸無道而出現內亂。齊襄公的幾個兒子為了爭奪王位，互有誅殺之意。為避過殺身之禍，公子小白逃到莒國，公子糾則逃到魯國。管仲和鮑叔牙本是好朋友，但一個是公子糾的老師，另一個是公子小白的老師，在這場鬥爭中處於勢不兩立之局。

第二年，襄公被害，即位的公子也遭到暗算，齊國一下子群龍無首，內亂的局勢愈演愈烈。公子小白和公子糾聽到了消息，都想回去謀取君位。

公子小白所在的莒國離齊國較近，管仲擔心他趕在自己的學生公子糾之前回國，就想出一條狠毒之計。他對魯國的國君說：「萬一讓公子小白先回去登上王位，那公子糾就沒有位置，這是大王也不願看到的。現在情況緊迫，請大王借給我一支兵馬，前去擋住他的去路。」

魯莊公答應了他的請求。管仲帶領人馬，星夜兼程，於即墨境內趕上公子小白和他的老師鮑叔牙歸國的隊伍。乘著兩軍列陣相對之時，管仲偷偷取下弓箭，對著小白一箭射去。只見小白大叫一聲，口吐鮮血，一頭栽到戰車之中。管仲以為小白已經死了，不待交戰，就號令隊伍撤回了魯國。除掉了競爭對手，管仲鬆了一口氣，大張旗鼓地做起了擁立公子糾回國登位的準備。

可是，很快就有一個可怕的消息傳來：公子小白已在齊國登位，自稱齊公。公子糾和管仲做夢都不敢相信這樣的事實。

原來，公子小白是一個極有心計的人，管仲那一箭恰巧射在他的帶鉤上，並未傷到他。他急中生智，來了一個將計就計，裝死騙過了管仲。等管仲帶領隊伍離開，他就輕車簡從，馬不停蹄地趕回齊國，登上了國君之位。

公子糾和管仲都不甘心就這樣失敗，決心以武力奪回君位。魯莊公是個極無主見的人，經不住管仲再三請求，就應允發兵攻打齊國。可是，齊國雖然內亂，和魯國比起來，畢竟強大得多。齊、魯兩軍交鋒，魯軍大敗。齊軍一直追到魯國的都城附近。

齊桓公警告魯莊公：要嘛殺死公子糾，交出管仲，要嘛只有敗軍亡國。魯莊公十分害怕，就將管仲裝進囚車，隨同公子糾的人頭，一起送往齊國。

當囚車進入齊國境內，鮑叔牙早已在那裡等侯。他命人打開囚車，自己上前拉著管仲的手，一起去見桓公。桓公熱情地迎接管仲，赦免了他的罪過並拜為相國。

原來，齊桓公要求魯莊公交出活管仲，已早有打算。鮑叔牙是管仲的好友，深知管仲的才學。他向齊桓公推薦說：「管仲可說是一位蓋世奇才，勝我十倍。他的才能若能為君王所用，定能為您建立殊功大業。」

齊桓公心想：齊國內亂剛剛平息，局勢還很不穩定，雖然土地面積不算小，實力卻非常虛弱。現在內憂外患並存，正是用人之際。老師既然如此舉薦管仲，說明這個人的確非同凡響，一定要好好重用。

管仲做了宰相之後，和鮑叔牙一起，將齊國由大亂引向大治。齊國的實力不斷增強，不久就一躍成為威震諸侯的一代霸主。這一切都得益於齊桓公的用人之量，鮑叔牙的識人之明。

9・拉著不走，就抽一鞭子

有一種說法：日軍偷襲珍珠港，羅斯福總統早就知道，但他沒有命令部隊加強戒備。因為當時大多數美國人都陷入了孤立主義的迷霧，不希望美國介入戰爭，羅斯福想藉珍珠港的失敗，給人民灌進一付清醒劑，讓他們意識到參戰的必要性。如果此事屬實，那麼羅斯福可算是一個深諳「害中之利」的厚黑高人。

「昨天，一九四一年12月7日——這將是臭名昭著的日子，美國受到日本帝國海軍和空軍突然而蓄意的襲擊。

「美國同那個國家處於和平狀態，並應它的請求，仍在同它的政府和天皇對話，期望維持太平洋的和平……這次襲擊給美國海軍和陸軍造成了嚴重的損失，許許多多美國人喪生。

「身為陸海軍總司令，我已指示採取一切防禦措施。」

「我請求宣布，既然日本發動無端而卑鄙的襲擊，美國和日本帝國之間已處於戰爭狀態。」

這是美國總統羅斯福在國會上發表的演講，時間是一九四一年12月8日，日本偷襲珍珠港後第二天。

當羅斯福走上眾議院的講臺時，受到一陣又一陣熱烈掌聲的歡迎。這是他政治生涯中的第一次——掌聲中沒有夾雜著惡意的口哨和起鬨。一切派別，包括最大的反對黨——共和黨，都在為他鼓掌，全美國驚人地團結起來。當時，在全國各地，大多數美國人都聚集在收音機旁，傾聽著他的聲音。

羅斯福的講演結束後，參議院在一個小時內就批准了他的請求，眾議院聽了幾個人的講話，然後投票通過——只有一人反對。這樣的速度和一致，在國會山莊是史無前例的。

於是，美國向日本宣戰，正式投入了反法西斯陣營。

一切來得如此突然。一個始終在觀望、徘徊不前，陷入孤立主義迷霧的大國，轉眼間就完全改變了姿態。那些反對羅斯福「企圖將美國拖入戰爭災難」的人還沒有弄清是怎麼回事，就稀裡糊塗地被民眾的情緒和輿論導向所左右了。

羅斯福為什麼會如此輕鬆地戰勝了他的反對者，易如反掌地左右著美國的命運？是因為有了「珍珠港事件」。日本偷襲美國海軍基地珍珠港，使得那些本來反對美國介入戰爭的人一時變得啞口無言。

民意測驗表明，直到那年秋天，有74％的美國人不願介入戰爭。尤其是母親們，她們不願讓自己的兒子出國作戰。而實際上，美國早已經處於半戰爭狀態，羅斯福早已定下參戰的決心。他是一個精明的政治家，深知孤立主義的勢力異常強大，稍有不慎，就會斷送自己的政治前程。因此，他只能一步一步推著美國向戰爭接近。多數美國人都看不出孤立的危害，只知道一味地躲避戰爭。為了說服民眾，羅斯福已想了許多辦法。

7月26日，他發布命令，凍結日本在美國的所有資產，停止石油供應。這對日本是個致命打擊。它的石油88％都依靠進口，遭到禁運，它只有兩種選擇，要嘛放棄戰爭，要嘛向美國開戰。所以，羅斯福這一手，可說是逼著日軍打出第一槍。

9月4日，美國海軍驅逐艦「格利爾號」跟蹤德國潛艇，受到攻擊。羅斯福借此大做文章，不談跟蹤，只談遭襲，大肆指責德國人的海盜行徑。此後，又有兩艘驅逐艦受傷，一艘沈沒。每逢這樣的機會，羅斯福都要將參戰行動向前推進一步。

11月25日，羅斯福和他的戰時委員會討論日本發動突襲的可能性。陸軍部長史汀生說：「問題在於我們應該如何引誘他們開第一槍，而又不給我們自己造成太嚴重的損失。」——這句話成了羅斯福行使厚黑術的有力證據，因為此後的事件正是按此預料發生——日本人開了第一槍，襲擊了珍珠港。但主要的攻擊目標——美國太平洋艦隊的三艘主力航母恰恰都被調走了。

在珍珠港事件發生之前幾個月，美軍就破譯了日軍的密碼。12月7日是星期天，羅斯福破例待在辦公室裡和人聊天，好像在專門等待什麼消息。將這些現象聯繫起來，似乎可以證明：羅斯福已經知道了一切。

即使這件事不是羅斯福所刻意安排，事實上也幫了他一個大忙——失敗將他從困境中拯救出來。從此之後，美國人終於認識到戰爭是躲避不掉的，於是便一致擁護他的主張，全力以赴地投入戰爭。

10・得饒人處且饒人

寬容是古人崇尚的精神和品質。雖然寬容不可能人人做得到，但欲成大事者必須具備寬容的品質。因為他的存在價值和水平是靠調動眾多人的行動而實現的，若無寬容精神，便不能算是厚黑之人。寬容寬容，只有「寬」才能成其「容」，只有「容」，才能顯其「寬」。寬容是一種心胸，一種氣度，一種用人的遠見。

丙吉是漢宣帝時的丞相，以知大節、識大體著稱，又寬厚待人，懲惡揚善。尤其是對待下屬，從不求全責備。對好的下屬，他大力加以表彰；對犯了過失的下屬，只要是能原諒、寬容的，他都原諒、寬容他們。

丙吉有一個車夫，駕車的技術很好，其它方面也沒什麼問題，就是有一個毛病——喜歡喝酒。他經常喝得醉醺醺的，出門在外也是這樣。有一次，丙吉出門辦事，帶了這個車夫駕車。

不料，他這次喝得大醉，車子還在路上，他就嘔吐起來，把車上的座席都弄髒了。車夫一見自己弄髒了座席，嚇得不知怎麼辦才好。但丙吉並沒多說他什麼，只讓他把車上的汙跡擦乾淨，然後又趕車上路。回到相府，管家知道這件事後非常生氣，狠狠地訓斥了車夫，並向丙吉建議：「大人，這個車夫實在不像話，乾脆把他趕走算了！」

丙吉搖搖頭說：「不要這樣做。因為他喝醉酒犯了一點小小的過失就趕走他，你讓他到哪裡去容身呢？他不過是弄髒了我的座席罷了，算不上什麼大罪。還是原諒他吧！我相信他自己會改正的。」

管家這才沒有趕走那個車夫。車夫知道是丞相的寬宏大量保住了自己的工作，內心非常感激，決心報答。從此更盡心盡意地趕車，酒也喝得少多了。

這車夫原本是邊疆人士，熟知邊防急報方面的事。有一次，他在長安街上看到一名驛站官員疾馳而過，猜想一定是邊境上發生了什麼緊急的事。於是他緊跟著到驛館裡去打聽消息，果然得知是匈奴入侵雲中郡和代郡，那裡的郡守派人告急。

車夫立即返回相府，把自己探聽到的情況向丙吉報告。丙吉知道宣帝馬上會召自己進宮商議，便叫來有關事務的屬下，以瞭解被入侵地區的官員任職及防務方面的詳細情況，思考對策。

不一會兒，漢宣帝果然召見丙吉和御史大夫等人商議救援之事。由於丙吉事先已知道消息，有所準備，所以胸有成竹，很快提出了可行的救援辦法。而御史等人卻是倉促進言，因為他們一點消息也不知道，對被入侵地區的情況也不太瞭解，一時根本說不出什麼來，更不用說提出切實可行的救援辦法了。

兩相比較，對照鮮明。宣帝讚賞丙吉「憂邊思職」，對御史等人則很不滿意。退朝後，其他大臣對丙吉大表欽佩。丙吉對大家說：「實不相瞞，今天是因為我的車夫率先打聽到消息並告訴了我，使我預先有了準備。當初，他曾經醉酒嘔吐，弄髒了我的車座，我原諒了他，所以他有今天的舉動。」

說到這裡，丙吉又感嘆道：「所以啊，每個人都有他的所長，也各有所短，我們應當盡力容忍別人的過失。想想看，假如當初我不容忍那位車夫的過失，把他打發走了，今天怎可能受到皇上的表彰？」眾人都點頭嘆服。

俗話說：金無足赤，人無完人。如果你事事苛察，就像眼裡容不下一粒砂子一樣，誰願意跟從你。這就看你駕馭「人才」的厚黑技巧了。

11・首先要摸清對手的弱點

在處理問題時，首先要摸到真實情況，抓住第一手資料。這是關鍵。你想說服、控制一個人，或打倒他，甚至利用他為你出力，就必須瞭解這個人的性格、隱情、言行、素質等。一句話，要摸清他的軟肋（弱點）在哪裡！

宋代軍士喜歡角力，軍中常以此為戲，決高低名次。某次，軍營中某長官宴請地方文人，讓手下軍士摔角獻藝以助豪興。軍士中一人，身材高大，膀寬腰圓，力大驚人，其他軍士上場，都不是他的對手，一個個被他摔倒在地。這時，賓客席上突然站起一位文士，自請與此壯士角力。大家一看這文士生得文縐縐，白白淨淨，根本不像習武之人，都勸他莫討沒趣。可這文士就是不聽，徑自上場。那壯士根本沒當一回事。不料，只見那文士張開右手，他身子就晃了兩晃，撲倒在地。在眾人喝彩聲中，他勉強爬起，抖擻精神，拉開架勢。可那文士又把右手張開。壯士又倒地。如此再三，眾人大驚，以為這文士有什麼魔法。文士笑了笑，說：「剛才我出去問了一下這位壯士的同伴，同伴說他怕醬，一見就暈，我就到廚房裡要了點醬抓在手裡。這不是……」他一張開手，壯士又倒下了。眾人轟然大笑。這雖是一則笑談，但它講出了「得情」對於「制人」的重要性。

然而，在實際生活中，人之「情」往往顯得隱奧曲折，「得」之又談何容易？這便需要施此術者具有高超的洞察力和敏銳的分析力，善於發現、把握人的虛偽外表和言談行動中所遮藏的內心世界最奧隱的層次，抓住其本質，藉而施其術。

明崇幀十四年（一六四一），清兵大敗明師於錦州，俘獲明帥洪承疇。洪承疇乃中原才士，文武全才，對中原軍事、政治、風土、人情了若指掌。清太宗（皇太極）久懷吞併中原之心，於是想利用洪承疇做開路先鋒，以取中原而霸之。但洪某性情耿直，深知大義，軟硬不吃，一味拒絕，且以絕食求死明志。太宗派了多少能言善勸之士，都無濟於事。消息傳到後宮，皇后博爾濟吉特欲處理這事，於是召來洪氏親從，刑誘相加，探得洪氏制命弱點：不怕硬、不怕軟、不愛財，唯最喜歡美女。於是太宗搜羅了美女數十人，前去施「美人計」，卻無一人奏效。洪氏抱定必死之心，眼都不睜一下。皇后徵得太宗同意，決定親自上場。於是她打扮一番，在某日黃昏時節，攜一藥壺祕密出宮，來到監禁之所。但見洪氏閉目危坐，大義凜然。皇后輕輕一笑，細聲柔語打問：「此位是令人久仰的洪將軍嗎？」

洪承疇就有這般怪癖，不怕刀槍弓箭，惟獨禁不住女人的聲喉婉轉，吐氣如蘭。這不！不知不覺中他睜開雙眼，卻見一絕色美人，心裡一動，但仍正色問道：「你是什麼人？來此何事？」皇后媚笑柔聲：「不用管我是誰。我是來救你脫離苦海的。」洪氏牙一咬，心一橫，道：「不用勸降。我心如鐵石，請閉嘴勿言。」皇后莞爾一笑：「將軍差矣！我佩服將軍英武不屈，忠貞不二，不是來勸降的。」洪氏疑惑起來，盯著皇后問道：「那你要做什麼？」皇后笑答：「將軍不是要以死殉節嗎？要死，絕食不是好辦法。絕食而死，需七、八日。未死之前，餓火中燒，心潮洶湧，千思萬想，愁思滿胸，委實難耐。哪如來個痛快，一死了之？我今已帶來煎好的毒藥，若將軍真心想死，就請飲下去！」洪氏經不住她這一捧一勸，忙說：「好，我喝！死且不怕，何懼毒藥！」於是接過壺來，張口狂飲。不料氣急嗆咳，噴了皇后一身。洪氏自覺不妥，忙以手相拭，與皇后的手碰個正著，直覺似被電流擊中，渾身上下熱躁難耐。頭暈目眩之中，只見皇后向他點頭微笑。於是，情不自禁，餓虎般地撲了過去……

第二天天將亮，這位不畏酷刑刀槍的抗清英雄竟被清太宗的皇后牽著手，順從地到大殿參見。太宗皇后之所以能夠成功，就在於她看透了洪承疇那剛正不阿之外表掩蓋下的人性的弱點，利用洪氏性格中剛直與好色這看似互為矛盾的兩種特點，略施手腕，巧用催情藥，就制伏了這位鋼骨鐵漢。

古代軍事家也常用「得情制人」術。三國時，吳蜀聯軍與曹魏大軍在長江邊赤壁對峙。曹魏軍士係北方人，不習水戰，在戰船上搖擺不穩，減弱了戰鬥力。曹操為此事甚為擔憂，思謀良策。吳軍謀士龐統得其「情」，決定因此情而制曹軍，便借曹軍謀士蔣幹之力，混入曹營，向曹操獻上「連環計」：將大小戰船分排分列，用鐵環緊扣，船與船間鋪上木板，聯體戰船便成了平地，可解決軍士不習水戰之苦。曹操中計，結果火燒赤壁，曹軍元氣大傷。

「得情」對於「制事」如此重要，那麼，怎樣才能「得情」呢？在長期實踐中，古人創造了多種手法，其中最重要的一點是「打入內部」，像孫悟空那樣鑽到鐵扇公主的肚子裡，把五臟六腑看個一清二楚，弄個明明白白。於是，我國從戰國時代開始，就產生了間諜這種祕密職業。直到後來，連那些地方惡棍、潑皮流氓也懂得使用此術。

元代鉛山州（今江西鉛山）有位豪強叫吳友文，不但霸佔人田，強佔人妻，還帶頭製造鈔票，使假鈔流散到今江蘇、安徽、河北等地。但幾屆知州都奈何不了他。為什麼？這位吳友文不但兇狠蠻橫，而且奸詐狡猾，工於心計，擅長權術，尤其會用「得情制人術」。他運用種種手段，把自己手下的四五十名同黨安插到州、縣各級衙門中充任官吏，若有人檢舉他，還沒等長官知道，他的手下早已得到消息，向他報告了，他便設計將其人害死。就這樣，他在鉛山州一手遮天，作惡十幾年。直到林興祖來鉛山任知州，亦運用「得情制人術」（設法派人打入他製造假鈔的團夥內部）使他伏法為止。

當今國際商戰中，「鑽進鐵扇公主肚子裡」亦是常用的「得情」之術。日本一家首飾製造公司欲偽造中國景泰藍，但始終未獲成功。於是收買一旅日華僑，派他回國，利用中國對華僑的特殊政策，以「代理商」的身分到景泰藍工廠參觀，並把整個工藝製造過程拍了下來。他回日本不久，那家首飾公司便製造出景泰藍，並貼上日本商標，投放國際市場，與中製品展開競爭。

在全球性的商戰中，日本的「鑽入內部」得情術運用得十分出色，花樣繁多，千變萬化，使人防不勝防，歐美工商界因此也吃盡了苦頭。故而他們也紛紛效仿日本，務先「得情」。

於是，各種電子竊聽器應運而生。雖然售價一提再提，但仍顧客盈門。其中最受歡迎的是美國邁阿密「國際間諜儀器公司」所生產的各種各樣高精度竊聽儀。還有一種鐳射竊聽槍，能在半哩外，把儀器射附到要竊聽之目標物的辦公室玻璃上，利用室內談話時聲波的輕微震動，憑藉儀器發射出的無線電波，清楚地聽到室內談話的內容。

除了探得商業競爭對手的「真情」再設計而「制」之外，瞭解顧客、用戶的心情，因「情」而「制」之，也是商戰中常用的手段。

12．怎樣活用對方的弱點

事物不斷發展變化，就像連環套一樣環環相扣，互為因果。這樣，就有必要對所面臨的事件加以考察探索，弄明白事物的特點和背景，反覆探查事物的連續性和特殊性的成因，抓住不同事物的不同特點，據此制定相應的厚黑對策。所以說，大聖大智之人在天地間立身處世，教化百姓，傳揚名聲，必定是把握準事物聚散中的有利時機，抓準最適宜的天時，依據事物之變化而變化自己的計謀和對策。

古時，黃河中游地區崇拜河神，每年要為河神娶一媳婦。鄴城（今河北臨漳）濱臨漳水，此風尤甚，嚇得有漂亮姑娘的人家都背井離鄉，外出逃難。因而鄴城一帶人煙日益稀少，田地也日益荒蕪起來。戰國時期，魏文侯勵精圖治，決心改變這種陋俗，於是派有智有識的西門豹去任鄴令。

轉眼間，給河神娶媳的日子到了。西門豹便出城到漳河邊觀看。所謂河神娶媳，是由當地巫婆和鄉老主持，選一漂亮民女，囚在漳河邊的喜棚中，齋戒沐浴。到了時日，給她穿上新衣，放到河中一張床上，順水漂去，漂著漂著就沈了，最後葬身水底。

西門豹來到河岸，巫婆帶領眾女徒相迎。西門豹說：「把河神的媳婦領來讓我瞧瞧，看漂亮不？」媳婦領來，西門豹假裝仔細看了半天，正色地告訴巫婆：「這女子不漂亮。這樣吧，煩你走一趟，告訴河神一聲，說改日挑個漂亮的，再給他送去。」說完不容分辯，就命手下把巫婆扔到河裡。他又假裝恭恭敬敬地立在河邊等侯。過了一個時辰，他回頭說：「巫婆去了半天也不回來，再派個人去催催。」說完又讓手下把巫婆的一個女弟子扔到河中。等了一會兒，又依次把一個鄉老扔下河去。又過了一會兒，西門豹又轉回頭，正色道：「這些人怎麼沒有一個回來？再派誰去呢？」那班女弟子和鄉老們嚇得面如土色，叩頭求饒。西門豹說：「好吧！大概河神留他們吃飯了。改日再說吧！」那些小女巫和鄉老聞言，抱頭鼠竄而去。

自此之後，再也沒人敢提給河神娶媳婦的事了。那些逃亡在外的人聽說了，陸續返鄉，又把鄴地建成了糧倉。

數百年後，東漢光武帝劉秀在位時，九江（今安徽壽縣一帶）又出了這麼一樁事件：九江轄境內有兩座大山：唐山和後山。當地百姓盛行山神崇拜，年年要到這兩座山上祭山神。祭祀時，必須由當地巫婆、神漢主持，選擇兩名青年男女，讓他們分別充當山公和山婆，代神受祭。一年選一對。一旦當上山公、山婆，便沒人敢與其結婚，當地百姓深受其害。這年，宋均任九江太守。到任後，他查明此情，便仿效西門豹，使起了「因事而制術」。他傳令：「從今日起，凡祭山神時挑選山公、山婆，必須從巫婆、神漢家中挑選。」自此之後，再沒有人敢主持祭山神之事，挑選山公、山婆的事也就絕跡了。

西門豹、宋均使用此術，都巧借了所要處理的事件中荒謬的成分，把因其荒謬理論而造成的苦難巧妙地轉嫁到製造苦難的人身上，讓他們親自嘗嘗苦味，自此之後再不敢給別人製造苦難。

每個人都有弱點，對這些弱點善加利用，便是很好的把柄。就連一個人的趣味、喜好，也可以用作打開其欲望之門的鑰匙。只要拿他最喜歡或忌諱的東西去誘惑或打擊他，他就必定上套無疑。對他人的隱私如緋聞、受賄、罪行等，也可以藉之使其受制於我。在談判、競選、糾紛中都可使用，效力巨大無比。

反過來說，從中我們應該學學乖：朋友之間，吐露真相是危險的，因為誰也不能保證日後不會反目成仇。因此，人際往來、交朋結友應胸有城府，力免授人以柄而受制於人。

一九七六年是美國大選年，共和黨推出了總統福特出來角逐。民主黨則出現了卡特與愛德華．甘迺迪較量的局面。

甘迺迪靠其龐大的家族財勢，以及兩位兄長為國殉職的聲望，又兼擔任參議員多年的經歷，欲問鼎總統候選人的寶座，簡直可說是探囊取物。

卡特是花生農夫出身，雖有擔任州長的經驗，顯然還不是甘迺迪之對手。他眼見力攻無望，唯有計取。當時美國人民因水門事件的創傷記憶猶新，加上華府政治人物的不名譽事件又層出不窮，卡特就緊緊抓住此一弱點，開始了一連串攻擊已死去的前總統甘迺迪的行動。他說甘迺迪總統在白宮裡面亂搞女人。甚至還有一位名叫艾絲納的女人出面對新聞界大談她曾和甘迺迪總統上床的事。進一步又扯出一位黑手黨的首領，說他如何幫助甘迺迪違法當選等等。這些宣傳的目的，無非是要醜化甘迺迪家族的形象。在這種猛烈的攻擊下，愛德華．甘迺迪果然招架不住，不得不宣布退出角逐。

到了一九八〇年，愛德華．甘迺迪和卡特為競爭民主黨的總統候選人再度交鋒。此時卡特為現任總統，他知道一九七六年的打擊策略已經不能再用，因為那些陳芝麻、爛穀子的舊賬，選民不會再有新鮮感。所以，他就慫恿新聞記者抬出「柯魯珍事件」，說明愛德華．甘迺迪當年對落水的女友見死不救的經過，這樣的人如何會有他自己所謂的「領袖氣質」呢？窮追猛打的結果，使愛德華．甘迺迪再度敗於卡特之手。

競爭者的弱點有時眾所周知，有時則隱而不顯。眾所周知的弱點在運用上所收到的效果，當然比不上一些隱情或緋聞。揪隱私有一個重要的技巧：對對手的弱點善加保密，便可以多次利用同一個把柄抑制他。一旦你掌握的祕密被公開，他便會破罐子破摔，反而會毫無顧忌地對你施加報復。

總之，要活用對手的弱點，千萬不能在眾人面前公開。你只能以足夠使他明白的方式閃爍其詞，把他掌握得死死的。處此局面，他哪敢撕破臉？每次吵架，他當然會被逼得豎白旗投降。

第六章

能堅持的人，
就能反敗為勝

I・按部就班，消除威脅

為了不被人出賣，你的最佳做法就是一方面黑到底，防範被人出賣，一方面厚到家，做好被出賣的心理準備。萬一被出賣了，也不必意外。

處於失敗之中時，可以說周圍到處充滿著威脅。消除這些威脅之日，也就是反敗為勝之時。如何消除這些威脅，必須講究厚黑謀略。要學會在夾縫中求生存，講變化、節奏、策略，該拉就拉，該打則打，個個擊破。

朱元璋部後期軍紀惡劣，他曾嚴令整飭。事實上，這並不是他對民眾行仁政，而是出於現實利益的考慮。

至正二十六年（一三六六），朱部打下高郵，搶奪敵人官兵的妻女，留在軍中。朱元璋知道後大怒：「把俘虜的妻女搶了，白賠糧食，浪費看守。」擄了婦女，殺了俘虜，敵人知道了，當然會頑強抵抗。為此，朱元璋只好派特使去剷除一切。這哪有半點「仁君」的模樣，更像個為利是圖的奸商。

單純的仁義在聖人的經典中，拿到現實中來，既不能御眾，又可能害己。

不但敵人沒有永久的，朋友亦然。那些追隨朱元璋打天下的開國功臣僅有屈指可數的幾個得以善終。環境及形勢變了，統治者的政策也就跟著變。

李善長是開國第一功臣，被朱元璋比為蕭何。這是個老資格的謀臣兼後方調度總管，城府深，但決無反叛的意向。他令朱元璋討厭之處在於：他在淮西武人集團中有著影響與根基。他以文人長者和軍師的身分活動於朱元璋的部隊中，又以善於協調諸將著稱。所以他列開國勳臣之首，地位在徐達、常遇春之上，大家都無異議。這既是朱元璋罷除他的相位的重要原因，又是徹底剷除他的潛在勢力與影響的根本緣由。

朱元璋不希望眼皮底下有個一人之下，萬人之上的人物。他打出來的天下，只能有他是萬人之上的金字塔尖，其餘都應是臣僕、馴服的工具。

他剷除李善長也體現了他利益至上的一面：並非一下子扳倒，以免打亂了節奏，驚嚇了人心。他先罷了李的相位，又給其尊崇的虛位，但又不斷敲打，甚至讓李去幹一些細碎低級的差事。在安撫和鎮懾交互使用下，李善長抑鬱怨憤但又得小心謹慎。最終，在時機成熟時，朱元璋安了個罪名，把他開銷了。

朱元璋殺功臣並非一味狂殺，他講順序、節奏，一個個推上斷頭臺，但臺上臺下的人都不敢也無力對抗，只有伸脖子的份。

開國時，朱元璋實行文武並貴的策略，甚至文人做大官的更多，這是因為草創制度更依賴文臣。武將們自然不滿。但不久，他們發現，皇帝的政策暗中做了調整，變成了重武輕文。每當處理大獄，皇帝性情狂暴，但又表現出少有的冷靜。他總是步驟清晰，層次分明，能斷能忍。在胡惟庸一案中，凡是牽涉到中書省及各部院衙門的，都被他一概殺戮，而凡是涉及到武將謀反的，他不管信與不信，卻一概寬宥了。很快，攀咬武人的口供越來越少，武將們緊張的心緒漸漸平緩下來。

不是不殺，時辰未到。朱元璋當時所要解決的首要問題是中書省和中書丞相的問題，一切布置都緊緊圍繞這個中心。而當中書省和丞相的問題解決之後，武將就被晾到案板上了。

武人掌軍機，更受疑忌，朱元璋為了自家利益，豈能放過？朱元璋就是這樣運用厚黑謀略，一步步消除他所疑心的威脅從而立於不敗之地。

2・讓你知道我不是好惹的

李宗吾在《厚黑學》中開篇即說：「我自讀書識字以來，就想為英雄豪傑。求之四書五經，茫無所得。求之諸子百家，與夫廿四史，仍無所得。以為古之為英雄豪傑者，必有不傳之祕，不過吾人生性愚魯，尋他不出罷了。窮索冥搜，忘寢廢食，如是者有年。一日，偶然想起三國時幾個人物，不覺恍然大悟曰：得之矣，得之矣。古之為英雄豪傑者，不過面厚心黑而已。

「三國英雄，首推曹操，他的特長，全在心黑：他殺呂伯奢，殺孔融，殺楊修，殺董承，又殺皇后皇子，悍然不顧，並且明目張膽地說：『寧我負人，毋人負我。』心子之黑，真是達於極點了。有了這樣本事，當然稱為一世之雄了。」

綜觀曹操所殺之人，都是對曹操沒有大用的人，或已被他榨乾了油水的人。其實這些人本身並不會給他帶來什麼現實的威脅，殺他們只是為了「殺雞駭猴」，讓那些對他構成威脅的人明白：別想害我，我不是好惹的！

事實證明，他這麼做的確頗為有效。

以曹操自尊、偏激、敏感的個性，絕不允許任何人以任何方式忽視自己的存在，蔑視自己的權威，威脅自己的安全。因此，當這一切有可能出現或已出現時，曹操自然要殺人了。

《世說新語》載：「魏武有一歌妓，聲最清高，而情性酷惡。欲殺則愛才，欲留則不堪。於是選百人，一時俱教。少時果有一人聲及之，便殺惡性者。」

功高不得蓋主，蓋主必致殺身之禍；恃才不得傲物，傲物反為物所害。此女卻自恃不足恃之才、之寵，置曹操的尊嚴、權威於不顧。以曹操言必行、行必果的個性，豈能坐視女流之輩的傲慢與忽視？

以平天下為己任的曹操，如果連歌女、侍妾都治不了，又怎麼治天下？

如果說曹操殺歌妓，未免狠了些，那麼殺華佗、吉平等人，則是疑心或出於對自身安全之考慮所採取的行為。

曹操之所以殺孔融，主要是政見不合。曹操一輩子都在打仗，為了保證糧食供應，宣布了禁酒政策。孔融多次表示反對。

曹操還不時受到來自孔融的嘲諷和攻擊：

初破袁紹時，曹丕娶了袁紹的兒媳甄氏。

孔融對曹操說：「武王代紂勝利後，把紂的寵妃妲己賞賜給了周公。」

曹操一時沒想到孔融是在嘲諷他，以為孔融讀書多、見識廣，必有出處，就問他此典出自何處。

孔融回答：「我是根據你現在的行為而作的！」

孔融的言行嚴重損害了曹操身為權臣的尊嚴，進而影響其統一大業的完成。

曹操「外雖寬容，而性不能平。」又「疑其所論建漸廣，益憚之。然以融名重天下，外相容忍，而潛忌正議，慮鯁大業。」孔融對曹操來說，有害無益，因此必死無疑。

孔融的價值是對後世而言，在漢末亂世，純屬虛設。那是個需要武功而非文治的時代，而孔融恰恰缺少這方面的才能。

孔融因忤逆董卓，被派往黃巾軍活動頻繁的北海地區任地方官。率領兵士抗擊黃巾軍卻大敗。後又被黃巾軍所困，幸虧劉備派兵援助，才得解圍。後來又遭袁譚圍攻，「自春至夏，戰士所餘才數百。流矢雨集，戈矛內接。融隱几讀書，談笑自若。城夜陷，乃奔山東，妻子為譚所虜。」

大敵當前，若能運籌帷幄，決勝千里，談笑自若固然不乏泰山崩於前而色不變的大家風範，比如諸葛亮之空城計，可謂臨危不懼，鎮定自若。然而至於城陷奔逃，妻子不保，就有浮華虛名、紙上談兵之嫌了。以一區區北海，尚且不能平，何況天下乎？所以司馬光在《資治通鑑》評其「歲其高氣，志在靖難，而才疏意廣……多剽輕小才。」可謂精當之語。

3・懂得隱忍，才能成大事

「十年藏鋒不出聲，一朝出鞘動鬼神。」

為人處世，要懂得「隱忍」，才能在默默之中發展自己、壯大自己，只要時機一來，就可展翅高飛、鵬程萬里……

胡林翼初出道，到處鑽營，花費上萬兩銀子捐官。此時，曾國藩很看他不起。但是，當二人共同對付太平天國時，曾國藩已離不開他。因為，胡林翼變了，就連曾國藩都自愧不如。

胡林翼青年時代曾是個放蕩不羈的風流人物。結婚以後，岳父陶澍擔任兩江總督，他陪岳母前往南京督署，在岳家作客。他目睹南京城中六朝金粉，紙醉金迷，頓時遊興大發，忘了他在南京是總督大人的嬌客身分，竟然在秦淮河釣魚巷等處歌榭燈船中流連忘返。有人將此情形告知陶澍，請加以督教制止。陶澍卻說：「潤芝之才，他日為國勤勞，將十倍於我。從此當無暇行樂，此時姑縱之，以預償其日後之勞也。」始終不加干涉。

中進士，點翰林之後，胡林翼仍好冶遊。一天晚上，他與周荇農一同到娼家，忽然巡邏士兵趕到。周荇農為人機警，趕緊避入廚房，化裝成廚師，免於被執。胡林翼和其他諸人來不及逃走，都被縛送兵馬司訊處。因為是現任翰林，恐受處分，不敢言其姓名，因是很受了一番折辱。釋放後，他說周荇農臨難相棄，當即與之絕交。周荇農是湖南善化人，其後胡林翼治軍作戰，軍中絕不用善化籍人，就是這個緣故。

由此可見，胡林翼從讀書時代以至入仕，始終放蕩不羈。但自從他捐納出任知府之後，就有了顯著的轉變。

胡林翼在陝西賑災案內援例捐納為知府，照例可自行指定前往候補的省份。當時他所自行指定的是貴州省。貴州素稱地薄民貧，服官者視為畏途，他居然自請指分，當時人大感意外。他之所以指分貴州，正是希望藉其地貧薄困窮及政多盤錯，磨練自己的意志。由於這種抱負，到貴州不久，他的聲譽就蒸蒸日上。

自道光二十七年（一八四七）到貴州，他歷任安順、鎮遠、思南三府知府，繼補黎平府知府，升貴東道，共計在貴州的時間前後七年。他之所以會在七年中被貴州當局調來調去，是因為他一到安順，就顯出十分出眾之才能，被貴州當局倚重，凡是哪一處地方寇亂嚴重，就把他調去抵擋。

不管哪個地方的寇亂嚴重到何等程度，只要胡林翼一去，無不在最短期間內平定。因此他更為本省巡撫所重視，不但屢次奏保，而且數年之內便升為貴東道。

咸豐三年（一八五三年），太平天國在湖北湖南等地掀起了軒然大波，清軍所向潰敗。湖廣總督指名奏調胡林翼前往湖北帶兵圍剿太平軍，咸豐皇帝允准。於是，胡林翼在咸豐三年十二月，率領他自己所訓練的黔勇六百人，與曾國藩一同鎮壓太平天國。自此以後，他的仕途邁向另一個新的開始。殘破不堪的湖北，經他一手整頓，不數年間就奠定了富強的基礎。不久，胡林翼即升為湖北巡撫。

胡林翼擔任翰林時，還是一個放蕩不羈而性喜冶遊的花花公子，經過一番磨練轉折之後再起，就變成一個勇於吏事，吃苦耐勞，通曉兵事的賢能地方官，這種轉變實在令人難以想像。

在這種不尋常的轉變中，不難看出，他實在是一個有才幹、有抱負、有識見的政治家，假以事權，定能有不平凡的建樹。

胡林翼的官位愈高，責任愈重，他對自己的約束檢點也就愈嚴，砥礪德行學問，以求日有進益。當初他入京捐官，動用數萬兩銀子，盛氣凌人，曾國藩對他很不以為然，認為他神彩外露，很難成大事。待他為官之後，對自己嚴加要求，學業和道德方面都日益進步，曾國藩在日記和書信中都表示了衷心的佩服。曾國藩自律甚嚴，從他對胡林翼的佩服可知，胡林翼對自己的要求必然很嚴格。而胡林翼所以能和曾國藩並列為湘軍的統帥，主持湘軍根據地，提供軍餉，支援鄰境，成就「再造中興」的功業，正是以嚴格的自我要求、不斷進取為基礎。

4・欺負人要看準對象

縱觀幾千年的官場，那許許多多形同水火，勢不兩立的冤家對頭、幫派朋黨，在政見上有多大差別？大多是一丘之貉。他們之所以鬥得你死我活，歸根結柢，還是為了權、利兩字。「千里來作官，只為權和錢。」你若奪了某人的權勢，斷了他的財路，他能不同你拚命嗎？在這方面，官場與商場有一致的地方。

但商場是公平競爭，優勝劣汰，官場則排斥異己，有你無我。由於這種鬥爭總是以權力為依托，便顯得特別殘酷，常常是以血淋淋的屠殺場面告終。

朋黨鬥爭，排斥異己，並不僅僅是鬥爭雙方的事，在他們之上總有一個最高、最後的仲裁者，在封建社會便是皇帝。正是他的態度決定著雙方的勝負。因此鬥爭雙方都要使出混身解數去取悅他、爭取他，使他站在自己一方。

凡是有寵可恃的人，必有某種資本：或者和權勢人物有某種特殊關係，或者立過什麼大功，或者具有某種為權勢者所賞識的特殊才能。但官場上的事三十年河東，三十年河西，有資格施給你恩寵的那個人也在不斷變化，或者他本人失去權勢，你所倚恃的靠山失去了，一切恩寵頓時冰釋雪消，或者他的興趣變化，喜好轉移，你所倚恃的資本貶了值，你的恩寵也就衰弱了。

然而，恃寵者在春風得意時，通常想不到這一點。他們恣意妄為，傲視一切，於是為自己樹立了一個強大的對立面，一旦時易世移，對手群起而攻之，不敗何待？

所以太史公司馬遷說：「諸侯而驕人則失其國，大夫而傲人則失其家。」

官場上的人，應該記住老子的話：「生而不有，為而不恃，功成而弗居。夫唯不居，是以不去。」

早在先秦時代，便有思想家指出：「君子之澤，五世而斬。」回顧一下西漢的衛青、霍去病、霍光家族，東漢的竇氏家族、梁氏家族，唐朝的武氏家族、楊氏家族，直至明代的嚴嵩等，概莫能外，看來這是一個歷史規律。

為什麼他們不能常保權勢？關鍵在於他們功高震主。

權勢是一種毒劑，人一旦迷戀上它，便會像吸食嗎啡一樣上癮，直至對掌握最高權力的人構成威脅。這樣一來，他除了敗亡，還會有其它結局嗎？

功高不震主，當然也不能震上司。這樣才能立於不敗之地。

5・口吐狂言，必惹殺身大禍

鄧艾（一九五～二六四）是三國時期魏國人。他原是一個放牛娃，又因口吃，總也沒能謀上個什麼差使。後來由於偶然之機，遇見了司馬懿。司馬懿看他並非尋常之輩，便委以官職，從此他才躋身於魏國軍界、官場。由於他具有出色的軍事指揮能力，屢建奇功，官職一再升遷，從一個下級軍官，最後封侯拜將，成為魏國後期最為出色的將領之一。

公元二六三年，他奉命率師西征蜀國。蜀道之難，難於上青天。他不畏艱險，迎難而上。在穿行七百里無人地帶時，沿途盡是不見頂的高山，不可測的深谷，糧食又已用盡，軍隊幾乎陷入絕境。他身先士卒，親自前行探路。有的地方根本無路可走，他便用毯子裹身，從險峻的山崖上往下滾。就這樣盡經險阻，走奇道，用奇兵，出其不意地包圍了蜀國京城成都，迫使後主劉禪投降，劉備所開創的蜀漢至此滅亡。

由於建立了這樣不世的殊勳，朝廷下詔褒獎，授他以太尉官銜，賜他兩萬戶厚賞，隨他出征的將官也都加官晉級。

鄧艾因此居功自傲，洋洋得意地對部下說：「要不是因為我鄧艾，爾等怎會有今天！」又對蜀中人士說：「要不是遇到我鄧艾，你們恐怕早就沒有性命了！」同時，給朝廷中執掌大權的司馬昭提出了他對下一步行動的安排：「雖然現在是乘勝攻吳的好時機，但士兵太疲勞了，可留在蜀中修整，並修造船隻，做攻吳的準備。以優厚的待遇對待劉禪，封他為扶風王，其子封為公侯，原有的部下也盡賞以錢財，藉此表示對降國之君的優寵，以誘引還沒有投降的吳國皇帝。」

這樣的事，只有朝廷才有權決定。因此，司馬昭未置可否，只是派人告訴他：「凡事應當上報朝廷，自己不得作主。」鄧艾不聽，依然堅持自己的意見，並當眾宣言：「我受命出征，既然已取得滅國虜帝的重大勝利，安排善後的事，穩定新降之國的局勢，理應由我相機處理。蜀國的地理形勢十分重要，應當迅速安定下來，如果什麼事都等待朝廷的命令，路途遙遠，必延誤時機。古人說：大臣在離開國境之後，凡是有利於國家之事，有權自己作主。現在是非常時期，不可按常規辦事，以致失去良機。兵法上說：一個優秀的將領，進攻不是為了追求個人的好名聲，退卻也不害怕承擔罪責。我雖然還達不到這樣高的標準，卻也不願為了避嫌而損害國家的利益！」

鄧艾的這番話自然沒有什麼錯誤，但對於一個手握重權且遠離國土的人來說，這種話不能不令人心生疑竇。與他一同出兵的鍾會對他的大功本就十分妒忌，便以此為把柄，誣告他有謀反之心。司馬昭也擔心他功高權大，難以控制，於是一道詔書下來，將鄧艾父子用囚車押送京師。中途竟被仇家所殺。

可憐耿耿忠心、七十高齡的鄧艾怎麼也不會想到，當他建立殊勳之日，也正是滅亡之時。

一個大臣恩寵正隆時，處理人際關係，常常表現為三種形式：對君上越發恭敬，以保其寵；對同僚排斥傾軋，以防爭寵；對下屬盛氣凌人，以顯其寵。這是很不智的做法，勢必樹敵太多，使自己陷於孤立。這種人又常常只是將職位相同、權勢相當的人視作對手，小心防範，對職位比自己的低的人則不大放在眼裡。這更是缺乏遠見。殊不知，過了河的小卒還能制老將於死地，下屬們造起反來，往往最能擊中要害。

「禍兮福之所倚，福兮禍之所伏。」老子的這兩句話，應該作為一切官場中之人的座右銘。

當你權勢正隆時，千萬不要以為那是絕不可動搖的，永遠不會衰敗；要清醒地認識到，在那烈火烹油般的鼎盛之中已預伏了危機，埋下了禍根。歷代官場的許多智者正是因為認識到這種禍福相倚的道理，並預作安排，才終於避免禍難。

智者的做法是：

一、不貪。不要以為官職越多越好，頭銜越高越榮。當你多了一個官職，增高一級頭銜，固然在身上增添了一道光環，卻也同時套上一道繩索。要適可而止，量力而行，該推就推，該避就避，該讓就讓。

二、不戀。預見到可能出現危機時，千萬不可戀棧，捨不得那錦繡繁華之夢、富貴溫柔之鄉，要急流勇退，及早抽身而退。

6・如何化不利為有利

胡雪巖是晚清時代最成功的商人，他善於應對變化，把危局變成勝局，利用變化的機會爭得自己的最大利益。

他是亂中取勝的高手。如果不是太平天國起義，也許就不會有那麼多機會。自從靠王有齡起家，他的生意蒸蒸日上，越做越大。但不久太平軍攻佔杭州，王有齡自殺身亡，他失去了靠山，還面臨著一次重大變故，幾乎將他逼入絕境。

胡雪巖生意的基礎是錢莊、當鋪、胡慶餘堂藥店，這些大部分都在杭州，他的家眷也留在杭州。杭州被太平軍佔領，他的所有生意都將被迫中斷，還必須想辦法從杭州救出老母妻兒。

財多遭人忌。戰亂中，針對胡雪巖的謠言頓時四起，有的說他以替杭州購米為名，騙走公款，滯留上海，不敢回來；有的說他手中有大筆王有齡生前給他營運的私財，如今死無對證，被他吞沒。甚至有人謀劃著向朝廷告他騙走浙江購米公款，貽誤軍需民食，導致杭州失守。

如果應對不好，他不僅會被朝廷治罪，杭州收復之後，他也無法回去。即使朝廷未降罪，失去了王有齡這個靠山，他的生意也將面臨極大的困難。他的錢莊本是靠著王有齡為官，才得以代理官庫而發跡，而他做軍火生意，更離不開大樹的蔭蔽。失去了靠山，就意味著失去一切。

面對這一重大變故，胡雪巖並沒有驚慌失措。他從這些不利的因素中，準確地預見到可利用的因素，擬出了絕妙的對策，終於變害為利。

留在杭州城裡的那些人，其實已經在幫太平軍做事了，否則也很難生存下去。他們之所以造謠生事，是因為太平軍正想方設法誘招胡雪巖，而他們不希望他回杭州。胡雪巖就利用他們的這種心理，確立了兩條計策：

首先，他不回杭州，避免與這些人正面交鋒。他知道他的這一態度一旦明確，這些人就不會進一步糾纏。

其次，他親自出面，向閩浙總督衙門上報，說是那些陷在杭州城裡的人實際上是留作內應，以便日後相機策應官軍。這更是將不利轉化為有利的高妙一著：表面上是給那些人一個交情，暗地裡卻是把他們推上火坑。如果這些人不肯就範，仍舊企圖加害他，他可以隨時將這一紙公文交給佔據杭州的太平軍，說他們勾結官軍，他們必遭滅頂之災。

再者，此時他手上還有杭州被太平軍攻陷之前為杭州購得的一萬石大米。當初這一萬石大米運往杭州時無法進城，只得轉道寧波，賑濟寧波災民，並約好杭州收復後以等量大米歸還。這也是一個可以利用的有利因素。他決定，一等杭州收復，馬上將這一萬石大米運往杭州。這樣既可解杭州賑濟之急，又顯得自己做事信義，誣陷他騙取公款的謠言就可以不攻自破。

變化須講謀略。沒有謀略的變化，是愚蠢的變化。就像沒有點睛的龍，不過是一條死龍罷了。善謀之士必然善變，駕馭各種變化之規律為己所用，才可反敗為勝，無往不利。做生意要活，不要死守一方，要根據具體情況做出靈活的反應。行動要迅速，想到了就立即著手去做，不放過任何機會。

為自己開拓財源，要有生意人精明的眼光，看得準，看得遠，眼界開闊，頭腦靈活，見風使舵。不要死守住一個自己熟悉的行當，要善於在其它行當中發現可以開發的財源，不斷擴大自己的投資範圍。一個生意人如果只看到自己正在經營的行當，最終只會抱殘守缺，連正在經營的行當都不一定經營得好。

7・要猜透主子的心思

「普天之下，莫非王土；率土之濱，莫非王臣。」若能猜透主子的心思，把主子侍候得舒舒服服，肯定能做個官場不倒翁。

和珅是清乾隆時代的權臣，曾長期擔任乾隆的近身侍從，對他進行過細心的觀察和研究，極為準確地掌握了他的心理變化、喜怒哀樂，能從他的一顰一笑窺中猜出他的所思所想，不愧是一個大師級的厚黑人物。

和珅的發跡得益於進入咸安宮官學讀書。這所官學隸屬於內務府，每年只招收九十名學生，八旗子弟中的佼佼者才能進入。入學之後，他為了把學業繼續下去，付出了艱苦的代價。

那時，為了籌措生活和學習費用，他只好四處借貸。在家人劉全陪伴下，曾向父親生前的故友借錢。俗話說：「人走茶涼。」其父生前的故友，友誼在其父去世後就蕩然無存了。

為了能夠繼續咸安宮官學的學業，他當機立斷，決定賣地。和珅忍受屈辱，做出這樣的決定時，年齡剛滿十三歲。

乾隆三十四年，和珅開始擺脫困境，承襲了高祖尼牙哈納的三等輕車都尉世職。三十七年，授三等侍衛，旋補粘桿處侍衛。粘桿處是通俗性的稱呼，正式官稱為「尚虞備用處」。它是掌管協助侍衛處與護衛營保衛皇帝並隨侍皇帝釣魚娛樂的機構。粘桿處侍衛因平時要伴隨皇帝左右，出入大內禁苑，特要求由政治素質好、可靠的八旗子弟擔任。從此和珅有了接近皇帝的機會。

據《庸庵筆記》、《郎潛紀聞》、《清朝全史》等史籍記載，乾隆四十年某日，乾隆外出途中，得知一個囚犯越獄逃跑。這位出口成章的風雅皇帝於是說了《論語》中的一句話：「虎兕出於柙，龜玉毀於櫝中，是誰之過與？」意思是：老虎、犀牛從籠子裡跑出來，龜甲、玉器在匣子裡毀壞了，這是誰的過錯？

就在眾侍衛面面相覷，無言以對之時，只聽後面有人琅聲答道：「典守者不得辭其責！」

這句話恰恰是朱熹在《論語集注》中的批語。乾隆聞言，見答話者是一個身材碩長、眉清目秀的侍衛，不禁大喜，便叫過此人，詳細詢問了他的姓名、年齡、家世等等。此人即和珅，隸屬正紅旗，二十五歲，任三等侍衛。

回宮之後，乾隆便將和珅召進宮中談話。這次談話，更令乾隆心花怒放，不幾日便連升和珅官職三級。從此，和珅開始了他的權臣兼寵臣生涯，而且青雲直上。

短短十年時間，他便由一個區區御前侍衛，躍居權傾天下的宰輔大臣。除了加官之外，還有接二連三的晉爵。

一部和珅的發家史，可以說是中國封建官場的縮影。代代朝朝，朝朝代代，無不是貪官和弄臣的天下。工於心計者把全部的手段與聰明都用在投機鑽營、結黨營私、謀取私利上。

和珅雖也認為乾隆是英明的君主，需要直言的忠臣。但他更知道，給皇帝進直言要看時機，尤其不要損害乾隆個人的英明形象及他所建造的「盛世」景象。他沒有選擇正直，而選擇了逢迎。這正是他得皇帝歡心，立於不敗之地的重要原因。

乾隆喜歡談文講史，對文史整理工作非常重視。相傳當時刊印二十四史，乾隆必親自核校，每校出一件差錯，就似做了一件了不起的大事。非常痛快，因此，和珅就指使大臣們迎合他的心理，在抄寫給他看的書稿中，故意在明顯的地方抄錯幾個字，以便「宸翰勘正」，變著法兒讓他高興。這比當面捧他學識高深，效果好得多。後來情況越來越糟，凡是乾隆看見而未曾改過的，誰也不敢改動，所以如今見到的殿版書常有訛舛。

和珅長年把持戶部，又任內務府大臣和崇文門稅務監督，實際主持著清政府的財政收支大權。而晚年的乾隆，為了實現十全武功的夢想，不惜窮兵黷武，耗費民財，且喜好奢侈，講究排場。他既需要錢財以大肆揮霍，又要不使國庫有損，引起朝野批評。所以他雖然多次斥責群臣在南巡時過於奢侈，卻又對大小臣工為他的巡幸極盡全力稱賞不已。說白了，乾隆是要少花錢，多辦事，甚至是不花錢也辦事，還要把事辦得漂亮。

對常人來說，這是個無解方程，和珅做起來卻得心應手。

在和珅擔任內務府大臣之前，這個主管皇宮事務的機構經常入不敷出。他接任以後，竟出現了盈餘。

除了內務府之外，和珅擔任的崇文門稅務監督也是個重要的理財之缺。崇文門稅關設立於明朝，清沿明制，承襲下來。乾隆時，為加強這一稅關的管理，特設正負稅監務一人，多由侍郎、尚書、內務府大臣，甚至大學士兼任，且必須是皇帝的親信和寵臣。它名義上隸屬戶部，實際由內務府控制，是皇家的進財機構。和珅自乾隆四十五年開始，一直擔任這個稅關的監督，歷任八年，直到曹錫寶上書彈劾才卸掉此職。在他多年經營下，崇文門稅關的收入一直居於全國二十多個稅關中的前幾位。

不僅如此，他還巧妙地使各省封疆大吏、鹽政織造，以及鹽商、行商等富商大賈把搜刮來的錢財珍寶統統獻給乾隆，以滿足乾隆的驕奢淫逸，卻又不必動用到正項銀款。

更值得一提的是由他倡設的「議罪銀」。

議罪銀又叫「自行議罪銀」，議罪銀兩不交戶部，由軍機處催交內務府。實際上是內務府的特別收入，全部歸皇帝所有。

所以，時人在筆記中記載說：和珅「專尚損下益上，從而獲乾隆固寵。」

晚年的乾隆實際上是生活在自我欣賞、自我陶醉卻又孤獨、衰老的狀態中。他喜好憑經驗辦事，樂於在往日的輝煌中思索，生活中的一切，包括他對國家大政的處理，在他心中都已形成固定的模式。他的思想、個性已處於僵化之中，而他的地位卻越來越神聖不可侵犯。他想要任人唯賢，卻經不住阿諛的言詞；他想要明斷是非，卻往往被自己的偏見和固執搞亂。老年皇帝的人格是矛盾的，他的政治舉措也必然矛盾。

據《朝鮮李朝實錄》的記載：和珅對乾隆「言不稱臣，必曰奴才，隨旨使令，殆同皂隸。」

在貴為大學士之後，和珅也像早年做御前侍衛那樣恭謹用命：「皇帝若有咳唾之時，和珅以溺器進之。」比起那些正人君子，老皇帝自然更喜歡這樣的奴才。

8・手裡有牌好辦事

只有暗裡積攢了足夠的實力，你才能有足夠的底氣，不戰而屈人之兵。無論大事小事，都不例外。

談判是信息交換，再加上理性選擇的一種過程。它是科學，也是一種藝術。適當地運用談判戰術，可以與利益相關的人或集團取得利益上的一致。

所謂「弱國無外交」，談判技巧固然重要，但絕不能化腐朽為神奇，談判仍需要實力加以配合，才能談得上反敗為勝。手裡有牌才好辦事，這是一個基本的厚黑常識。

公元一〇七四年，宋與遼發生邊境事端。雙方派代表在邊界上的黃平談判。由於遼方一再設置障礙，談判不歡而散。

第二年，遼方派使臣蕭禧到汴京，聲稱：「不解決問題，誓不還遼。」宋方官

員經常與蕭禧通宵達旦談判，因遼方無理糾纏，談判仍然毫無進展。

宋神宗憂心忡忡。他既不想與遼軍交戰，又不願割讓領土。最後決定派遣沈括赴遼談判。

沈括早年對宋、遼邊界做過仔細的研究，一接到出使遼國的使命，又查閱了檔案、典籍，並向有關官員進行瞭解，弄清了雙方兩次所提界址前後不一：第一次所提邊界與第二次所提的黃嵬山相差30里。他連夜草奏，上呈神宗。

神宗看後，向群臣說：「以往主持談判的大臣不究本末，貽誤國事。沈括做事如是，朕無憂矣。」並按沈括所提供的資料，親自繪製了地圖。

第二天，沈括攜帶地圖到館舍拜會遼使蕭禧。

沈括說：「我受皇上之命，奉陪閣下。貴國有何要求，請向我提出。」

蕭禧傲慢地說：「宋朝違約，侵犯我大遼邊界，我們早有照會，要求重定界址。大遼皇帝派我前來，此事不決，我無法回朝覆命。」

沈括面帶微笑道：「本人對邊界情況略知一二。貴國在照會中所提有爭議之地界，較原協定向前推進30里。不知閣下這次來東京，是為解決邊界爭議，還是索取領土？」

蕭禧毫無心理準備，故作鎮靜地說：「大遼只要求按原協定重定邊界，對宋朝絕無領土要求。」

沈括從袖中取出地圖，回道：「閣下聲稱並無領土要求，實屬貴國大度。此圖乃御筆繪製，請閣下過目。」

蕭禧察看地圖，只見山川河流無不詳細，一時無言答對，只好悻悻地說：「既然如此，我只好及早回國，向吾皇報告。」

蕭禧去後，大家沈浸在喜悅之中。沈括卻非常憂慮。

他知道遼使雖然離去，邊界爭議並未解決。目前遼國大軍壓境，如不急速赴遼，面見遼帝，將此事圓滿解決，遼方隨時都可能揮師南下。他將自己的想法面告神宗。神宗深表贊同，要他立刻成行。

談判會場設在一個寬敞的帳篷內。遼方代表是宰相楊益戒。他開門見山地說：「遼、宋地界需要重定。我大遼多次派使臣赴宋，未見答覆。此次貴使前來，宜及早商定，免得又動干戈！」

沈括從容答道：「宋、遼地界早有定議，貴國所提黃嵬山為分水嶺問題，文書上並無記載，敝國不敢從命。我攜帶文稿在此，請閣下過目。」

隨從人員將兩國簽定的文書擺到談判桌上。文書中明文記載：「黃嵬山以大山腳下為界。」

楊益戒無言以對，卻仍用威脅的口吻說：「貴國數十里之地不忍割讓，難道要斷絕兩國的友好關係嗎？」

沈括答道：「師直為壯，曲為老。北朝棄先君之大信，以威用其民，非我朝之不利。」

楊益戒見沈括態度強硬，言詞鋒利，只好宣布休會。

第二次談判，楊益戒見逼索土地不成，又提出天池子之歸屬問題。天池子屬宋國領地，這在宋、遼簽下的協定中早已確定，但協定允許一部分遼民牧馬。

沈括說：「天池子乃我國疆土，豈能更改！」

楊益戒說：「遼民在此牧馬，極易引起衝突，請閣下三思。」

「天池子歸屬乃先皇所定，本朝無權更改。至於武裝入侵，本朝容忍是有限度的，也請貴國三思。」

雙方共進行了六次會談，沈括有問必答，言詞犀利。楊益戒未料到宋朝竟有這樣傑出的使臣，又聽說宋朝正在邊界集結重兵，做應戰的準備，只好放棄索取土地的要求，維持原協定所確定之邊界，草草結束談判。

沈括勝利地完成使命，神宗為嘉獎他，任他為翰林學士。

在這場宋遼邊界談判中，沈括不僅言詞犀利，而且講究談判禮儀，不愧為談判高手。但他是以實力為基礎，包括邊防的軍事準備和外交實力。

9・枱面下使功夫，枱面上做工夫

為人處世，要懂得在暗中做手腳。看到某人喜歡什麼，我們就順著他喜歡的話去說，順著他喜歡的事去做；看到他厭惡或忌諱什麼，就避開而不說、不做。這樣，他必會覺得我們是他的知心人，把我們引為知己，碰上事情，就會多為我們說話，替我們出力。我們多了一個朋友，在社會上就多了一條路。這就叫「陰道陽取術」即「暗裡用功夫，明裡得報答。」古代的一些智者和帝王，都是用這種權術籠絡人心，使眾人為自己賣命。

春秋戰國時代，社會上產生了一批士人，他們無世襲之職，無祖上遺業，卻偏偏眼紅那些權勢富貴。於是，一些有頭腦的政治家便因其所好而做手腳，爭取他們，讓他們為自己賣命。著名的「戰國四大公子」就是這樣一批深諳「陰道陽取術」的政治家。他們收買士人的手段不外兩種：一是給吃給喝，滿足其物質要求：

一是卑辭下意，滿足其虛榮心。其中，孟嘗君收買馮諼、信陵君收買侯嬴的故事最具代表性。

孟嘗君田文足智多謀，襲父親田嬰之職而任齊國國相，勢焰熏天，炙手可熱，寄養其門下之士號稱三千人。

有一智辯之士名曰馮諼，貧乏不能自存，於是托人投在孟嘗君門下。因自言無特長、無權術，所以被列為下等食客，只能吃粗劣的飯菜。

一日，馮諼故意敲著自己的長劍唱道：「長劍啊，咱們還是回家吧！吃飯時連魚肉也沒有！」孟嘗君聽到了，就滿足他的要求，讓他同中等門客一樣吃魚吃肉。

過了幾天，他又敲著長劍唱道：「長劍啊，咱們還是回家去吧！出門連個車也沒有！」孟嘗君聽到了，讓他同上等貴客一樣，出門有專屬的馬車。

又過了幾天，他三度敲著長劍唱道：「長劍啊，咱們還是回家去吧！在這兒沒有辦法養活家口！」

左右的人都認為他貪得無厭，十分討厭他。孟嘗君派人打聽到他上有老母，於是按時給這位老母親送去柴米。馮諼這才不再彈劍而歌。

孟嘗君就這樣虛心下意地收買了這位自言「無能」的士人，滿足了他吃好飯、乘專車、養家口的物質要求，從而使他盡心竭力地為自己賣命。其後，馮諼運用自己的才智、權術、辯才為孟嘗君造下「三個窩巢」，使孟嘗君在遭齊王罷相後有所歸。不久，齊王怕他國招用孟嘗君而復了他的相位。

用「陰道陽取術」，還可以避免同僚嫉恨，消弭掉與同僚之間的矛盾。

西漢末年，胡常和翟方進同是有名的經學博士（即講習官定課本的權威學者），兩人都研習《穀梁春秋》，都喜歡《左氏春秋傳》。胡常在輩分和資歷上都高於翟方進，名氣卻在翟方進之下。他因此心懷不滿，常常詆毀翟方進。翟方進見此情景，便找來自己的幾個機靈學生，等輪到胡常給大學諸生（國家最高學堂中的學生）講課時，派他們去虛心聽講，向胡常請教疑難。日子久了，胡常覺得翟方進對自己如此推崇，十分高興，洋洋得意起來，不但不再詆毀翟方進，還到處講他的好話。翟方進終於用「陰道陽取」之術獲得了勝利，達到了目的。

「陰道陽取術」的實質在於順人之好，避人之惡，暗施手段，略施小惠，達到自己的目的。正所謂：「吃小虧，賺大便宜。」

明朝宣德年間，周忱以工部右侍郎之職巡撫江南。當時，正值宦官王振把持朝政。周忱擔心自己到江南推行新的政治措施，會受到王振的阻撓，便早早暗使手段。那時，王振在大興土木，為自己修建府第。周忱便派人暗中量好王振新居的尺寸，然後讓人按此尺寸，精心製作了地毯，派人趕在新居落成前送到王振府第。王振將地毯一鋪，不但花色豔麗，而且尺寸正好，簡直像自己定作的一般，十分高興，對周忱遂另眼相看，凡是周忱送來的改革建議，一律准其在江南施行。年歲不久，江南便經濟大興，周忱的政聲也高揚起來。

當今社會上處理人際關係，亦不乏善用「陰道陽取」之術者。這些人的特徵是善於揣人心思，見什麼人說什麼話、做什麼事。對上司恭恭敬敬，指到哪裡，打到哪裡，並不時依據上司的喜好和需要，送些得體的禮品，直買得上司連聲說好。對同僚，和和氣氣，專門打探誰有了難事，他好藉機出面，收買人心。對下級，從不頤指氣使，而且善於「拍肩膀」，稱兄道弟，十分隨和，並常瞅準時機，為下級請功領賞，或抱打不平，表現得十分正義、直率。實際上，他早已到上司那裡做了串通，取得了諒解。這樣的人，上下一辭，沒有不說個「好」字的。人緣好，也就升得快，爬得高。虛心下意，藏起真面孔「奮鬥」數年，必有所「取」。

10・高帽要戴得正合適

高帽子人人愛戴，馬屁卻不是人人會拍。世上沒有人能對拍馬屁無動於衷，只不過有些馬屁拍得不巧罷了。一方面必須把握好拍馬屁的機會，另一方面又必須研究拍馬屁的技巧。雙管齊下，自然能夠逢凶化吉，路路順暢。

所謂「善測上意」，其實就是對君上逢迎欺騙。真要舉國百姓、大臣都以一個人的好惡為好惡，一個人的是非為是非，那是根本辦不到的。然而，歷代最高掌權者偏偏有這種霸道的心態。這就給了那些諂媚之臣可乘之機。他們細心揣摩，儘量迎合，當君王對他們的恭順表示贊許時，殊不知他們正在暗自竊笑，因為君王已被他們的騙局所迷惑，成為他們達到個人目的的工具。

一個精於拍馬奇術的大臣，不只特別注意研究他所拍的對象，還能夠搶先一步，將對方想而未說的話先說了，想辦而未辦的事先辦了，表現出極大的主動性。這是拍馬者中的高手，是最被上司所賞識的人物，因而也是最得勢的人物。

裴蘊早年在陳朝作官，暗中卻與隋朝勾結，在隋滅陳時作為內應，幫了大忙。隋文帝對他的封賞極為優厚，甚至超過了那些出生入死的隋朝將軍。

在隋煬帝時代，他任御史大夫之職，卻完全不依法律辦事，處處窺伺煬帝的心意。凡是煬帝不喜歡，想要治罪的人，他便誣陷捏造，鍛鍊成罪；凡是煬帝所喜歡的人，他便網開一面，從輕發落。

薛道衡是隋朝少有的一位文人、學者，當時有人稱他為當代孔子，詩寫得也很出色。他有一首詩，題為《昔昔鹽》，是隋代詩中的名篇，其中「暗牖懸蛛網，空梁落燕泥」二句，由於寫景逼真含情，一時傳為佳句。他早年曾在煬帝的政敵手下工作，因而被煬帝所忌恨。煬帝登基後，薛道衡上書，對文帝讚頌了一番。煬帝以為這是借古非今，諷刺自己，很是惱怒。

善於察言觀色的裴蘊探知煬帝的這種心態之後，乘機進言：「薛道衡自負有才，又依仗著他和先帝的舊情，不把陛下放在眼裡。陛下每頒布一道詔書，他便加以腹誹，將一肚皮不滿都發洩在朝廷身上，謠言惑眾。若說他的罪名，倒是不大明顯，但他的內心深處，一定是反對陛下。」

所謂「腹誹」，「情意忤逆」，裴蘊怎麼能看得出來？這可真是「欲加之罪，何患無辭」了。

煬帝對他這種無中生有，捏造罪名的手法很讚賞，說：「你說他在思想深處反對我，真是一針見血！」就這樣，薛道衡被定了死罪。臨刑時，煬帝問他：「你能再寫『暗牖懸蛛網，空梁落燕泥』的詩句嗎？」原來，他自視甚高，對薛道衡的詩才也早懷嫉妒了。

如果裴蘊只害死一個薛道衡，倒也不致於動搖隋朝的根基，可惡的是，他對煬帝的種種惡行劣跡都曲意逢迎，甚至先期誘導。隋朝立國之初，音樂、舞蹈都還比較清新剛健。裴蘊發現煬帝不喜歡這些，便下令在全國搜尋擅長靡靡之音、色情歌舞的樂工舞女，奉獻給煬帝，人數多達三萬餘人，使煬帝更加沈溺於聲色酒肉之中。為滿足煬帝大肆揮霍的需要，他又下令全國按人頭逐個核實應當交納租稅之人，一下子查出了六十多萬人，使煬帝擴大了對百姓的盤剝。

煬帝幾次發動東征遼東的戰役，給國家帶來極為沈重的災亂，終於激起人民的反抗，連統治階級內部也發生了分裂。開國功臣楊素的兒子楊玄感首先發動兵變，短短幾天，回應的人數便達十多萬人。兵變被鎮壓下去之後，煬帝說：「楊玄感振臂一呼，便有成千上萬的人跟從他。看來，天下人不能太多，太多了便會去當強盜。如果不盡行誅戮，怎麼會讓人害怕！」

對於這樣殘忍的旨意，裴蘊也唯命是從，助紂為虐。他經手處理這一案子，嚴刑峻法，殺人多達數萬。

這不只擴大了統治階級內部的矛盾，也引起了人民更加強烈的反抗，起義的烈火遍布全國。

煬帝執迷不悟，又要發動新的征遼戰爭。他向大將蘇威詢問征遼的戰略。蘇威不敢直接勸阻，便巧妙地回答：「這一次征遼東，朝廷用不著直接發兵，只要將各個地方聚眾反抗朝廷的盜賊予以赦免，便可得到數十萬兵力。他們感謝朝廷免了他們的死罪，一定會立功報效。這樣，不出一年，遼東便可平定了。」

煬帝沒有品味出這番話的含義，只是表示懷疑：「我親自率軍征討，尚且不能取勝，這些草寇去，管什麼用？」

裴蘊卻聽出了蘇威的潛臺詞，等蘇威離開，他立即奏道：「蘇威犯有欺君之罪！天下哪有那麼多盜賊？」

一句話提醒了煬帝，他罵道：「這個老混蛋真夠奸詐的，拿盜賊嚇唬我！我真想抽他一頓耳光！」

裴蘊看出煬帝已經厭惡蘇威，便揑造了蘇威許多罪名，指使別人出面告發。案子自然由他審理，他又提出將蘇威處死。雖然煬帝沒有同意處死蘇威，但新的征遼戰爭還是照樣進行。

裴蘊就是這樣處處按著煬帝的心意推波助瀾。由此，國家日趨危亡，他自己則日趨顯貴。

像這種善於窺伺皇帝意圖的奸佞之徒，在煬帝身邊，並不只裴蘊一人，專掌機密的處世基、負責外交的裴矩，無一不是這種貨色。煬帝在評價裴矩時說：「裴矩太瞭解我的心思了。他所奏的事，都是我一直在想的，我還沒有說出，他就報告上來了。如果不是對國家大事處處留心，怎能做到這一點！」

上有所好，下必甚焉。奸佞之臣的產生，固然和奸佞者個人的品質有直接關係，而最高掌權者的鼓勵和提倡，更是這種惡劣之徒產生的重要原因。

只要最高掌權者能繼續坐江山，那些在他旁邊拍馬屁的人也就永遠不會失敗，除非他們不再拍了。

人到了晚年都怕死，都想長壽，帝王也概莫能外。年老的武則天，對於那些預言她將長壽的人，從來不吝賞賜。

朱前疑原是一名普通百姓，別無所長，卻又夢想榮貴，便挖空心思想點子。他大約也懂得老年人這種怕死的心理，便對武則天說：「臣夢見陛下壽滿八百歲。」果然一語中的，此話討得了武則天的高興，賞了他一個八品的小官銜。

嘗到了甜頭，他當然不肯撒手，又一次上書：「臣夢見陛下白髮變黑，落齒再生。」於是又被提升一級，當了駕部郎中，掌管宮中馬牛雜畜飼養之類的差事。

這個人看到編造夢話竟是通向仕途的捷徑，便一發不可收，又第三次上書，說什麼他「聽見嵩山高呼萬歲」。又被賜以五品官才能配帶的紅色袋子，而當時他還不是五品官。恰巧這時朝廷要出兵與契丹人打仗，提出在京城的官員只要出一匹馬，便可升為五品官。朱前疑沒有馬。為了得到這個五品官，他東挪西借，湊錢買了一匹馬交上。這一次可是下了真本錢，要求回報更覺理直氣壯了，便一再上書，要求馬上兌現承諾。這下終於招致武則天的厭惡，認為這人太貪鄙，便將他的馬匹退還給他，打發他回老家種地去了。他升官發財的希望只成了一場夢。

韓非子在《說難》中說：龍的喉下有一片逆鱗，誰要是觸動了它，必遭殺身之禍。人主的身上也有這樣一片不可觸動的禁區。這個禁區，指的便是人主的自尊心，即身為帝王的威嚴，誰要是有意無意觸犯了它，自然要倒大楣。但韓非還說：人主如同龍一樣，是「柔可狎而騎也」，即可馴服駕馭他，只要你能找到他的薄弱之處，並有效地加以利用。

人主的薄弱之處是什麼？便是他的虛榮心。

自古以來，統治者都標榜自己好忠正、惡諂媚，近忠賢、遠小人，虛心納諫。可是，有幾個人真正做得到。任何偉大的統治者，其實也同常人一樣，喜歡聽到奉承、吹捧。聽人當面指著鼻子數落自己的不是，與聽人用恭敬、柔媚的聲音歌頌「皇上聖明」，那感覺自然很不一樣。奸邪之徒掌握了帝王這一精神上的弱點，便以諂媚之道對付他，窺伺他的好惡，順應他的意志，誇張甚至編造他的豐功偉績，將他吹捧成天才、聖人，最大限度地滿足他好大喜功的虛榮之心。這樣一來，這條龍便「柔可狎而騎」之了。很少有統治者能逃脫這張用諂言媚笑織成的網。因此，在歷代官場，媚臣總是很得勢。

東漢順帝時，大臣左雄上書皇帝，深刻地指出：「人君莫不好忠正而惡讒諛，然而歷世之患，莫不以忠正得罪，讒諛蒙幸者，蓋聽忠難，從諛易也。夫刑罪，人情之所甚惡；貴寵，人情之所甚欲。是以時俗為忠者少而習諛者多。故令人主數聞其美，稀知其過，迷而不悟，以至於危亡。」

唐玄宗時代，一個叫楊相如的縣尉也表達過同樣的意見：「人主莫不好忠正而惡佞邪，然忠正者常疏，佞邪者常親，以至於危身而不悟者，何哉？誠由忠正者多忤意，佞邪者多順指，積忤生憎，積順生愛，此親疏之所以分也。」

這不是一兩個朝代的現象，而是中國封建官場的痼疾。迎合上意，是封建官場中人固位邀寵的一大法寶。中國歷史上，「寧鳴而死，不默而生」，敢於直言上過的諍臣屈指可數，其下場也大多不妙。善於迎合上意者卻如過江之鯽，且大多數春風得意，步步高升。迎合上意，是一些人在封建專制制度的鐵腕兒人物下人格扭曲的結果。在等級森嚴如鐵塔的官場上，每層官員的前程都攥在上司手心裡。靠真刀真槍再上一層樓的人當然也有，但更多的人則是依靠迎合上意而如願以償。

封建制度雖然已經挺屍一百年了，但其陰魂不散，附在那些對這一制度情有獨鍾的人身上，得以還魂。居高位者需要下級迎合自己的種種意圖以顯示個人說一不二的權威，體驗「順我者昌，逆我者亡」的快感。居下層者不得不依靠曲意逢迎討好上司，從而達到升官發財的目的。因此，善於迎合上意的人仍然多如牛毛，並且活躍在社會的各個階層。

迎合上意的人，首先要將固有的正義感和是非觀念當作過時的黃曆拋到腦後，將為國為民的理想像穿舊的鞋帽一樣扔到一邊。他們對上司的脾氣稟性、所好所惡摸得一清二楚，看一個眼神而知喜怒，聽一聲嘆息而明思想，舉一反三，通權達變。上司說很煩，你就要趕緊安排娛樂節目；說很悶，你就務必考慮外出旅遊；喜歡字畫收藏，你就得不惜重金，四處網羅；迷戀女色，你就應拉下臉來拉皮條⋯⋯話說得有些誇張，但也只有這樣，你才可能成為上司離不開、信得過的親信。

見機而動，投其所好，只是邀寵的初級階段，單是停留在這個水平，你只可能被當作嘍羅或走狗，任意呼來喚去。若能夠揣摩透上司的意圖，搶先一步，在工作中幹出令他滿意的「政績」，那就會被視為精明強幹。故意迎合的人無不具備這樣的本領：上司好大喜功，你也跟著添油加醋，吹牛拍馬，不惜把一說成十，把十說成百；上司好做表面文章，你就得狠下心擺花架子，搭空架子，猛下任務，亂定指標，以犧牲百姓的利益，作為自己邀功請賞的資本⋯⋯

11・撕開黎明前的黑幕

熬不過嚴冬的摧殘，就不會有春天的復生。處於困境和失敗中的人，不僅要戰勝強大的困境和失敗，而且要戰勝軟弱的自我。既然你已經厚黑了，那就厚黑到底吧！事情往往在黑厚到底的那一刻突地豁然開朗。

那是一座燃燒的城市。

白天，隆隆的炮聲和熊熊的大火，嚇得太陽躲在烏雲中不敢露面。晚上，紅色或綠色的信號彈此起波伏，火光中不時跳動著幽靈般的黑影。

數十萬德軍和數十萬蘇軍，用機槍、大炮、坦克、飛機、刺刀和牙齒，把這裡攪成名副其實的屠宰場。

現在這城市的名字叫伏爾加格勒，那時候叫史達林格勒。

一九四二年6月，德軍氣勢洶洶地發起了強大的進攻。他們企圖在7月25日前拿下史達林格勒，然後將鐵爪伸向富饒的伏爾加河和北高加索地區，為繼續戰爭攫取源源不斷的石油供應。從6月28日到7月中旬，德軍元帥鮑留斯手下的六個精銳集團軍在頓河西岸的廣闊戰線上展開猛烈的突擊。密集的坦克集團在一望無際的草原上瘋狂馳騁，捲起漫天的塵埃，坦克的轟鳴聲驚天動地。鐵流所過之處，烈焰騰騰，濃煙滾滾，婦女和兒童的淒慘叫聲被死神的怒吼淹沒。德軍的推進速度異常快，接連不斷地突破蘇軍的防線，抵近城市週邊。

蘇軍最高統帥部意識到，決定最後勝負的時刻已經到來。史達林格勒一旦丟失，就意味著蘇聯的戰爭潛力將被大幅度削弱，德國的戰爭潛力則將大幅度增強。史達林和希特勒同時下定了「不惜一切代價」的決心。

8月下旬，德軍集中力量，強渡頓河，楔入城市北郊，攻至伏爾加河河岸。此後，人世間最為慘烈的廝殺就在城區發生了。德軍進入城區，但付出了高昂的代價。他們每攻占一幢大樓、一條街道，都要丟下數百以至數千具屍首。蘇軍為了守住史達林格勒，「寸土必爭」，在每個角落，都與敵人展開反反覆覆的爭奪。著名的帕夫洛夫大樓就是在這種爭奪中聞名於世。

其實，那也是一座極其普通的大樓。它矗立在列寧廣場的一邊，共四層，建築風格和其它大樓沒什麼兩樣。不過，在空前激烈的巷戰中，蘇軍中士帕夫洛夫和他的17名戰友在這裡堅守了58個日夜。

戰鬥是這樣開始的——

有一天夜裡，連長給帕夫洛夫中士一項特殊任務，讓他前去偵察這幢4層樓房。連長表情嚴肅地說：「這座樓房對我們很重要。從那裡可以控制列寧廣場和附近其它樓房。現在需要偵察清楚，樓內有多少希特勒匪徒。今天夜裡就去。」

帕夫洛夫接令後，帶領3名戰士，向著那幢大樓摸去。

他們身帶衝鋒槍、手榴彈和匕首，悄無聲息地前進。距離雖只有一百五十米，但每一步都盯著死神的眼睛，德軍的機槍從好幾個方向瞄著這裡。他們感到有點害怕，但誰也不讓別人看出，只是相互投去鼓勵的目光。

慢慢地逐次漸進，他們終於爬到大樓的牆根。他們在地下室裡找到樓裡的居民，得知這是61號樓，樓裡果然駐守著德軍一小隊官兵。帕夫洛夫和他的戰友乘敵不備，一陣手榴彈和衝鋒槍掃射，殲滅了全部守軍，控制了整座大樓。

連長布置的任務只是偵察，帕夫洛夫卻很有主動性。他想：如果我們撤離，那希持勒匪徒就會重新佔領這座大樓。因此，他決定留下來部署防禦，只派一名戰士回去報告。很快，連長就給他派來了增援，61號大樓裡的蘇軍戰士達到18名。

自此開始，德軍對61號大樓的攻擊就一天也沒有中斷過。為了將蘇軍趕出大樓或徹底夷平這座樓房，他們用盡一切辦法，每個晝夜都要發起四、五次衝擊，可每一次都被打退了。

61號樓前面，德軍遺屍成山。

動用機槍、衝鋒槍、迫擊炮、坦克炮這類武器解決不了問題，德軍就召來他們的轟炸機。

駕駛員害怕被蘇軍的高射炮擊中，只好夜間出動。有時候，帕夫洛夫和他的戰友都能聽見德機駕駛員與其地面部隊的呼叫聯絡聲。轟炸機一到，地面德軍就向61號樓發射綠色信號彈指示目標。帕夫洛夫也立即命令他的士兵向德軍佔領的樓房發射綠色信號彈。轟炸機分不清哪裡是敵人、哪裡是自己人，急得大吼，有幾次將燃燒彈丟到自己隊伍的頭上。

德軍向61號大樓傾瀉了難以計數的炮彈。帕夫洛夫和他的戰友也想出了對付之法：他們在大樓下挖出很深的「洞穴」，敵人炮彈飛來，他們就躲進去；敵人的炮擊一停止，他們又迅速出現在大樓上，用猛烈的火力痛擊衝鋒的德國步兵。

從遠處眺望61號大樓，它的形狀可怕極了，整座樓房被炮彈炸得千瘡百孔。在德軍一次特別猛烈的炮擊中，大樓的一面牆被炸塌了，只剩三面。蘇軍戰士不僅沒有被嚇倒，還幽默地說：「我們可以自由地呼吸了！」

58天過去了，61號大樓依然像一座堡壘一樣，巍然屹立在列寧廣場，阻擋著德軍前進的通道。

為了紀念帕夫洛夫和他的戰友們立下的殊勳，蘇軍決定以帕夫洛夫的名字命名61號大樓。

在史達林格勒保衛戰的防禦階段，像帕夫洛夫這樣的戰鬥英雄不計其數。往往有這樣的情形：在同一座破碎的大樓裡，德軍控制著一半，蘇軍則扼守著另一半。只有經過殘酷血腥的廝殺，才能決出這一陣地為誰所有。蘇軍將樓房的各樓層都相互隔斷，德軍即使攻佔了底層，也還要進行攻佔上層和地下室的戰鬥。

蘇軍頑強不屈、視死如歸的精神和拼命死守的戰法，迫使德軍無計可施。城區的街道上，德軍的屍首疊了一層又一層。一個德國老兵在日記中寫道：「想想史達林格勒大戰——80個日夜肉搏拼殺的情景吧！街道不再是以公尺計算，而是以屍體作單位丈量。史達林格勒不再像一座城市，白天，它淹沒在一大片漫無邊際的濃煙烈火之中，簡直是一座烈火熊熊的焚屍爐。」

史達林格勒戰役結束了。蘇軍共殲滅德軍33萬多人。戰鬥中犧牲的蘇軍官兵堅持不懈地和納粹魔鬼戰鬥，不僅贏得了本次戰役的勝利，還迎來整個反法西斯戰爭的轉機。

12・只要堅持到最後5分鐘

戰爭領域最需要堅韌頑強的精神。交戰雙方有時候打得黑地昏天，連最聰明的將帥也難以保證己方必有取勝的把握。但是，一般說來，當戰局發展到最後關頭，雙方都消耗很大，困難重重的時候，誰能咬牙堅持到最後，誰就能奪取勝利。

後人對袁、曹官渡之戰或許熟悉，但多半都只記住「烏巢劫糧」那一最精彩的場景，而對於曹軍在此之前的慘澹堅持卻少有人提及。實際上，堅持在先，劫糧在後。要是沒有在一開始的困難中頑強地堅持下來，一切回天妙計都只能化為烏有。

當時，袁軍佔有很大的優勢，依托河灘紮營，構成了東西寬約數十裡的防線。曹操在袁軍對面立營，兩相對峙。開初，曹軍曾主動出擊，但以失敗告終，不得不退回據守營壘。

兩軍相持了三個多月，曹軍的處境十分困難，幾乎到了難以支撐的地步。前方，曹軍兵少糧缺，士卒疲乏；後方，劉備受袁紹指派，四處騷擾，招降納

叛，使得曹操不得安寧。更嚴重的是，由於從總形勢上看，曹劣袁優，所以曹營內部的官員不少人與袁紹私通信件，以留後路。而袁紹又多次派兵抄襲曹軍的糧道，致使曹軍軍心日漸不穩。

在這種情況下，曹操的信心已有些動搖，準備撤出官渡，退保許都。為了慎重起見，他給謀士荀彧寫信徵求意見。荀彧很快回信，分析了戰之利和退之害，建議他堅持到底。

荀彧的信中指出：袁紹在官渡聚集大軍，要與曹軍決一勝負。官渡是許都的門戶，在曹軍以劣擋優的形勢下，如若後撤，被袁軍所乘，一退將不可收拾。袁紹雖然兵多將廣，但不善調度，已被曹軍阻擋了數月之久，可見困難不少，已近黔驢技窮。因此，曹軍只要堅持下去，必定有扭轉戰局的機會。

曹操聽取了荀彧的意見，決心加強防守，堅持危局。他一面命令加強對糧隊的護送，一面督促一線官兵加強守衛，防敵偷襲。後來，戰機終於出現——曹操導演了一場烏巢劫糧，反敗為勝的雄壯活劇。

兩軍交戰，當僵持不下時，進行最艱苦、最頑強的堅持是扭轉危局的關鍵。此時，宜進忌退，貴在毅力。先行撤退的一方就如皮球被打開了放氣閥，「先退則勢屈」，難免被對手所制。

拿破崙在進軍義大利之戰中，與奧軍圍繞著曼圖亞要塞，展開了激烈的爭奪。法軍包圍了曼圖亞。奧軍多次出兵解圍，均以失敗告終。其中，奧軍在第三次解圍行動中，曾一度迫使法軍陷入困境。但法軍憑著「堅持最後5分鐘」的精神，反敗為勝。這就是著名的阿科爾之戰。

曼圖亞位於波河和明紹河交會處，地形險要，工事堅固，有「義大利之鑰」的美稱，是兵家必爭之地。拿破崙對曼圖亞採取了圍而不打的策略。前兩次，奧軍派出大軍，欲解曼圖亞之圍，拿破崙都以部分兵力監視曼圖亞守敵，而以主力迎戰解圍之敵，兩次都取得了勝利。

奧軍解圍的企圖兩次遭到挫敗之後，仍不甘心。於是，派出以驍勇著稱的老將阿爾文茲統領五萬大軍，展開第3次行動。

阿爾文茲決定分南、北、東三路向包圍曼圖亞的法軍進擊。他自率三萬人由東向西，達維多維奇率領一萬八千人由北向南，另以少數兵力由南向北，實施三面合圍。曼圖亞要塞內的守軍還有三萬多人。這樣，奧軍的總兵力共有八萬多人。

拿破崙的兵力不足奧軍的一半，處境十分危險，有可能遭到奧軍的中心開花，三面夾擊。為了扭轉危局，拿破崙還是採取了前兩次的辦法，決心只用1個師的兵力繼續圍攻曼圖亞，另以1個師的兵力牽制北面之敵，而自己則親率主力，迎戰東面的奧軍主力，爭取在奧軍合圍之前，殲滅其最強的一路。

法軍搶先向奧軍發起攻擊。奧軍依憑堅固之陣地，阻止了法軍的攻勢。當時，雨雪交加，處於運動中的法軍行動困難，大炮未能及時進入指定地域，並使得炮手瞄不準目標。法軍左翼部隊向陣前的奧軍發起一次又一次勇猛的衝鋒均未奏效。中路法軍則被奧軍的炮火打得七零八落。法軍的進攻失敗了，他們在陣前遺下了二千餘名死傷的官兵，撤出了戰鬥。

這次失敗，給法軍展示了一幅陰鬱的災難性前景。連拿破崙本人也向巴黎的督政府報告說，進軍義大利的行動看來即將功敗垂成。不過，在他手下的官兵面前，他仍然表現得信心十足。

拿破崙不甘心失敗。他認為，前次作戰之所以沒有獲勝，是因為不適當地採用了從正面攻擊奧軍堅固陣地的戰法。那個陣地名叫卡爾迪埃羅，是阿爾文茲精心選擇。它的右翼是阿爾卑斯山支脈的幾道橫嶺，左翼則是阿爾蓬河及阿迪傑河之間的沼澤地。法軍想要粉碎奧軍第3次解圍的企圖，就必須不借一切代價，將阿爾文茲從卡爾迪埃羅的陣地上趕出去。

既然正面攻擊不能奏效，那就側翼包抄。這是拿破崙的想法。他決心迂迴奧軍左翼的沼澤地帶，奪占那裡的阿科爾村，將奧軍誘離可依托的戰場。這種走向沼澤地的迂迴，是一般平庸的將領想都不敢想的，因為那無異於將自己的大軍投進生死難卜的迷宮。但拿破崙看到，困難中存在著成功的因素。在沼澤地，奧軍強大的騎兵將起不了作用，其依托山地的優勢也將消除，而法軍久經戰陣的經驗和勇猛精神將會變成克敵制勝的力量。

不過，法軍的迂迴行動並沒有達到奇襲的效果。因為早在法軍的兩個師悄悄南下之前，阿爾文茲為了保護他的側翼，已經派遣一支由克羅地亞人組成的分遣隊據守阿科爾村了。因此，在法軍發起攻擊之後，再次遭到頑強的抵抗。克羅地亞士兵從村莊土屋的炮眼裡射出一排排子彈，打退了法軍的數次衝鋒。拿破崙手下的一位師長親舉軍旗，率領前鋒衝到阿科爾村邊的一座橋頭。但敵方火力十分猛烈，士兵們紛紛潰退。看見此情此景，拿破崙跳下戰馬，舉起軍旗，親自組織反攻。他身先士卒，衝到橋頭。但仍然沒有起到作用。

守衛阿科爾的克羅地亞人不斷得到增援，奧軍火力越來越猛。拿破崙在幾位猛將左右護衛下，再次發起衝擊。但始終越不過橋頭。法軍在彈雨中被迫後撤。此時，拿破崙陷入泥沼。幸虧法軍是一支經過無數陣仗的軍隊，為了保護主將，官兵們一面奮勇反擊，一面將他拉出泥坑。

法軍退了下去，奧軍沒有追擊，因為他們也已精疲力盡。這種在泥濘中的激戰，使兩支軍隊都受到極大的消耗。法軍雖然遭到重挫，但誘使阿爾文茲離開堅固陣地的目的總算達到了。

就在雙方都感到力所難支之際，奧軍對能不能守住阿科爾缺乏信心，拿破崙則決心堅持下去。

第二天出現濃霧。正一心盤算著制勝之法的拿破崙大喜。他派出50餘名騎兵，帶領號兵多名，在濃霧掩護下，迂迴到奧軍左翼側背後的樹林中，命令他們吹起號角，偽裝大隊騎兵突襲。同時，正面法軍發起猛攻。突襲開始，本就信心不足的奧軍以為自己陷入了夾擊、包圍之中，慌忙退卻。法軍則乘著敵方混亂之機，終於奪取了勝利。

阿科爾之戰給拿破崙增添了更多傳奇色彩。不少人認為，上帝似乎有意偏袒這位戰爭之神。拿破崙自己也相信，他一生吉星高照，就起始於阿科爾面臨大難的時刻。但實際上，許多抱著務實態度研究戰史的人都一致認為，拿破崙在阿科爾的反敗為勝，得益於「堅持最後5分鐘」。

人生也是一樣，有時「反敗為勝」也沒有很深奧的道理，往往只是看你能不能堅持到底罷了——就這麼簡單！

〈全書終〉

國家圖書館出版品預行編目資料

不要太早亮底牌不然你就輸了／林郁 著　初版，
新北市，新視野 New Vision，2025.01
面；　公分 --
ISBN 978-626-98599-8-6（平裝）
1.CST：成功法　2.CST：生活指導

177.2　　113016287

不要太早亮底牌不然你就輸了
林郁　著

出　　版　新視野 New Vision
製　　作　新潮社文化事業有限公司
電話 02-8666-5711
傳真 02-8666-5833
E-mail：service@xcsbook.com.tw

總 經 銷　聯合發行股份有限公司
新北市新店區寶橋路 235 巷 6 弄 6 號 2F
電話 02-2917-8022
傳真 02-2915-6275

印前作業　東豪印刷事業有限公司
印刷作業　福霖印刷有限公司

初　　版　2025 年 02 月